W0109607

Anna McPartlin
Juliet Ashton
Mia Morgowski
Sofie Cramer
Britta Sabbag

Herzblätter

*Kleine Geschichten
vom großen Glück*

Rowohlt Taschenbuch Verlag

Veröffentlicht im Rowohlt Taschenbuch Verlag,
Reinbek bei Hamburg, Februar 2017
Copyright © 2017 by Rowohlt Verlag GmbH,
Reinbek bei Hamburg
Umschlaggestaltung AMMA Kommunikationsdesign, Stuttgart
Umschlagabbildungen Sunny_baby, Nils Z,
Naatali / shutterstock.com
Gesamtherstellung CPI books GmbH, Leck, Germany
ISBN 978 3 499 29113 5

Inhalt

Anna McPartlin

Das Sommerwunder

Aus dem Englischen
von Karolina Fell

E s war ein heißer, drückender Sommer im
Jahr 1988. Patricia wurde von ihrem Platz
im Flugzeug gehoben und von einem ehrenamtli-
chen Helfer namens Gerry die Gangway hinunter-
getragen. Dessen Schwester Mary war auch mit dabei. Sie litt an einer Motoneuron-Schädigung und
konnte kaum zwei zusammenhängende Worte sagen. Patricia dagegen wurde oft als Partynudel be-
zeichnet und hatte den Flug damit verbracht, ihre
Reisegruppe zum Singen zu animieren, angefan-
gen mit *Dublin in the Rare Auld Times* über die Klassi-
ker *The Fields of Athenry* und *Molly Mallone* bis zu
sämtlichen vierzehn Strophen von *Willie McBride*.

Patricia schlang die Arme um Gerrys Hals und
genoss die Wärme der Sonne, als sie über das Roll-
feld auf die Flughafenmitarbeiter zugingen, die

mit Rollstühlen darauf warteten, ihre neuen Gäste zu empfangen. Tief im Herzen wusste Patricia, dass dies ihre letzte Reise nach Lourdes sein würde, und war deshalb wild entschlossen, sie auszukosten, so gut es irgend ging. Gerry ließ sie in ihren Stuhl plumpsen und zwinkerte ihr zu, bevor er sie ihrer mitgereisten Freundin Sheila überließ, die sie fröhlich pfeifend durch das kleine Flughafengebäude schob. Patricia schloss die Augen und spürte die Wärme bis tief in ihre Knochen vordringen, spürte ihr Haar feucht werden und sich locken, und sie spürte, wie sich im Nacken Schweißtropfen bildeten, die ihr in den Kragen liefen. *Es ist schön, am Leben zu sein.*

«Da sind Sie ja, Trish», sagte Des. «Sie sind bestimmt als Letzte aus dem Flugzeug gekommen.»

«Nach mir kommen noch Jim und Cathleen», sagte Patricia.

Des hatte Parkinson, und obwohl er an den Rollstuhl gefesselt war, konnte er noch sprechen und singen und lachen. «Und das ist doch die Hauptsache», sagte er oft.

«Da haben Sie vollkommen recht», stimmte ihm Patricia dann zu. Die arme alte Mary aber war lange über das Stadium hinaus, in dem sie sich an irgendetwas beteiligen konnte. Sie saß einfach nur krampfend und spuckend in ihrem Rollstuhl.

Immer wieder versuchte jemand, sie mit Floskeln wie «Da sind Sie ja, Mary» oder mit einem Witz einzubeziehen. «Passen Sie auf, wenn Sie Mary was fragen, sie erzählt bloß lauter Lügen.» Mary reagierte dann, indem sie versuchte zu nicken und zu lächeln, was aber leider nur zu ruckartigen Bewegungen und Würgegeräuschen führte. «Wirklich, Mary wird noch buchstäblich vor Lachen sterben», würde dann irgendwer sagen und damit weitere krampfhafte Zuckungen auslösen.

«Heute Abend feiern wir mal so richtig», sagte Des, als sie endlich alle im Bus waren. «Die Franzosen werden sich wundern.» Patricia war einverstanden. Sie war aber schon so müde, dass sie nicht in Des' Darbietung von *Stop the Bus We Want a Wee Wee* einstimmte, sondern während der Fahrt in den blauen Himmel hinaufschaute und von den kühlen Laken und weichen Kissen träumte, die sie im Hotel erwarteten.

Sheila half Patricia, sich ins Bett zu legen.

«Aber nur eine Stunde, Sheila», bat Patricia. Sie wollte nicht zu viel verpassen und ärgerte sich, dass sie nicht länger durchhalten konnte.

«Ich hole dich ab», versprach Sheila.

Patricia lag auf dem Rücken, schaute zur Decke hinauf und fragte sich, was diese Woche bringen würde. Ihre letzte Reise nach Lourdes hatte viel Spaß gemacht, und sie hatte ein paar neue Freunde aus der Rollstuhl-Fraktion gefunden. Trotzdem war sie sehr enttäuscht gewesen, wieder ohne ein Wunder nach Hause fahren zu müssen. Dies war Patricias dritter Sommerurlaub in Lourdes, und jedes Mal überzeugte sie sich selbst davon, dass nun ein Wunder für sie fällig war. Die Fahrt an Weihnachten oder Ostern zu unternehmen, wäre ihr nie in den Sinn gekommen, weil sie immer das Gefühl gehabt hatte, dass – falls sie ein Wunder erleben sollte – es im Sommer geschehen würde. Ihre Mutter hatte sie deswegen oft genug ausgelacht und «Schwindel, alles bloß Schwindel» gesagt. «Du wärst besser dran, wenn du die Gemeinschaft vom blutenden Herzen Christi dazu bringen würdest, dich gleich nach Las Vegas zu verfrachten. Dort verkaufen sie auch Träume, Hirngespinste und billiges Plastikzeug, aber wenigstens sind sie ehrlich dabei.»

Als ihre Mutter noch lebte, hatte Patricia sie geflissentlich ignoriert, aber jetzt, wo sie seit fünf Jahren tot war, hatte sie ziemliche Probleme, sie zum Schweigen zu bringen.

Und wieder mal bist du hierhergefahren, du Riesenschaf, sagte Patricias Mutter in ihrem Kopf.

Verzieh dich, Mutter, erwiderte Patricia in Gedanken. Laut würde sie so etwas niemals sagen, es sei denn, die Umstände wären wirklich äußerst ärgerlich oder frustrierend.

Patricia hatte sich fest vorgenommen, dieses Mal ihr Wunder zu erleben, und es war ihr vollkommen egal, was irgendwer darüber zu sagen hatte, das galt erst recht für ihre tote Mutter. *Dieses Mal gehe ich auf meinen zwei Beinen aus dem Flugzeug und führe im Flughafen von Dublin einen Tanz auf*, dachte sie. Ihre multiple Sklerose war im vergangenen Jahr sehr schnell fortgeschritten, und weil nichts darauf hinwies, dass sich das ändern würde, hatte Patricia schreckliche Angst. Manchmal betrachtete sie die Menschen, die mit ihr im Pflegeheim lebten, wie sie in ihren Betten lagen und starben, und dann musste sie gegen die Tränen ankämpfen. Die gelähmten, blinden, stummen Zombies mit den faulenden Hautstellen und den künstlichen Darmausgängen waren kaum schlechter dran als die arme alte Mary; eingeschlossen in ihren Körpern, waren sie unfähig, mit anderen zu kommunizieren oder kleinste Freiheiten zu genießen, wie zum Beispiel, allein zur Toilette zu gehen oder in einen klaren, blauen Himmel hinaufzuschauen. Dieses Schicksal ängstigte Patricia am meisten. Sie betete jeden Morgen und jeden Abend zu Gott, sie oder er möge sie vor einem solchen Schicksal bewahren, das sie mehr fürchtete als den Tod. Patricia war nicht voreingenommen. Selbst wenn sich Gott am Ende als asiatische Lesbe entpuppen sollte, würde Patricia vor ihr das Knie genauso beugen wie vor dem langhaarigen Hippie am Kreuz. Und weil Patricia in Lourdes war, fügte sie nach einem «Gegrüßet seist du, Maria» und einem «Ehre sei dem Vater» noch ein paar Extragebete hinzu.

Heilige Maria, sei mir gnädig. Lieber Gott und Jesus, rettet mich vor dem Bösen. Padre Pio, heile mich, und wenn du mich nicht heilen kannst, lass mich schnell sterben. Amen.

Bald schlief sie ein und träumte davon, zusammen mit Bobby Ewing und dem französischen Präsidenten François Mitterrand nackt im Quellwasser der Lourdes-Grotte zu baden.

Schon beim Essen am ersten Abend fielen Patricia ein Junge, dessen Mutter und seine Tante auf. Das Kind war nicht älter als zwölf Jahre und im Rollstuhl festgeschnallt; der Körper zuckte unkontrollierbar, und das Gesicht verzog sich zwanghaft zu Grimassen, die Patricia an eine gähnende Katze erinnerten. Nachdem die Mutter den Jungen gefüttert hatte, brachte sie ihn zu Bett und kam dann wieder, um selbst zu essen. Patricia fiel auf, dass beide Frauen abwechselnd die Treppe hinaufgingen, um nach dem Jungen zu sehen, und dann wieder herunterkamen. *Treppen, ich kann es kaum erwarten, wieder Treppen hinaufzugehen.* Patricia begegnete der Mutter, als Sheila sie zur Damentoilette brachte, und erkundigte sich nach der Krankheit des Jungen. Die Frau nannte den Namen der Erkrankung, die die ständigen Anfälle verursachte, doch weder Patricia noch Sheila hatten schon einmal davon gehört und konnten sich später auch nicht mehr an die Bezeichnung erinnern.

«Der arme Kleine», sagten sie auf dem Rückweg zur Bar.

Am zweiten Tag war Patricia früh auf, sie wollte die Sonne ausnutzen. Sheila half ihr mit der Sonnencreme, dann gingen sie zum Pool, faulenzten in Badesachen auf den Liegen und genossen die Wärme.

Patricia wurde immer schnell braun, und sie hatte wundervoll weiche Haut. Ihr kurzes Haar war weiß, und sie hatte zugenommen, seit sie jeden Tag von früh bis spät in diesem idiotischen Stuhl sitzen musste. Sobald sie wieder auf den Beinen wäre, so stellte sie sich vor, würde sie gleich beim ersten, sehr langen Spaziergang die Pfunde loswerden, sich eine vollständig neue Garderobe ohne einen einzigen Gummibund kaufen und sich die Haare färben. Patricia sah die Reise nicht nur als Sommerurlaub an: Sie hatte eine Mission zu erfüllen. Sie musste sich ihr Leben zurückholen, bevor es zu spät war.

Als die beiden Frauen von der Sonne ordentlich geröstet waren, stießen Gerry und die arme Mary zu ihnen, und sie gingen zum Mittagessen in ein kleines Café. Während die anderen aßen, schlürfte Mary aus einem Plastikbecher irgendeine Mixbrühe, von der das meiste auf ihrem T-Shirt landete. Nachdem Gerry seiner Schwester das Gesicht und das T-Shirt gesäubert hatte, gingen sie zum Beten und Kerzenanzünden zur Grotte. Suzie Malone war schon vor ihnen dort, sie war teilweise ertaubt und als Folge davon sehr laut.

«Sie kommen jetzt erst? Ich war den ganzen Vormittag da», rief sie.

«Schön für Sie, Suzie», sagte Gerry.

«Schön? Von wegen. Mir tut von all dem Herumsitzen hier der Hintern weh. Wenn ich gehen könnte, wäre ich schon vor Stunden weg, aber die verrückte alte Schachtel, mit der ich hier bin, will sich anscheinend als Heilige bewerben.»

Die ehrenamtliche Helferin, Jean, eine Frau Anfang fünfzig, funkelte Suzie böse an. Patricia, Gerry und Sheila lächelten ihr zu, um Suzies Ausbruch herunterzuspielen, während Mary in ihrem Stuhl einen Anfall bekam, vermutlich, weil sie versuchte zu lachen. Jean dagegen war nicht sonderlich begeistert.

«Sie haben diese Reise zum Beten unternommen», sagte sie.

«Blödsinn», brüllte Suzie. «Ich bin hierhergefahren, um Spaß zu haben, aber solange Sie mir zugeteilt sind, bin ich angeschissen.» Sie wandte sich an die anderen. «Glauben Sie, ich kann sie gegen jemand anderen eintauschen?»

«Wenn das so ist», sagte Jean und packte den Griff von Suzies Rollstuhl. «Wohin wollen Sie?»

«In den Pub», sagte Suzie.

«Das soll vermutlich ein Witz sein», gab Jean zurück.

«Ganz bestimmt nicht. Ich will ein Bier und ein Päckchen Erdnüsse, und ich will draußen sitzen und zwar so lange, bis meine Windel voll ist.»

Gerry, Patricia und Sheila lachten, aber Jean sah aus, als würde sie gleich anfangen zu weinen. Nachdem Jean mit Suzie gegangen war, blieben sie nur eine halbe Stunde. Patricia wusste, dass ihr Wunder nicht davon abhing, was sie in Lourdes tat. Sie würde ihr Wunder bekommen, weil sie es verdiente. Sie entspannte sich einfach und genoss das Geplänkel mit Gerry und Sheila in der lauen Abendluft. Als sich der Himmel rot färbte und die meisten Plastik-Jesus-und-Maria-Verkaufsstände geschlossen waren, wirkte die Stadt nicht mehr so schäbig und war viel idyllischer. Als sie durch die Läden streiften, witzelte Patricia, dass Sheila und Gerry heimlich etwas miteinander laufen hatten, und Mary schien diese Vorstellung sehr zu gefallen, obwohl man ihre Reaktionen schwer einschätzen konnte. Sheila tat entsetzt. «Ich bin eine verheiratete Frau!»

Mary ging immer als Erste zu Bett. Sie wurde etwa um dieselbe Zeit wie John, der Junge mit den zwanghaften Zuckungen, nach oben gebracht. Im Laufe der nächsten Abende freundeten sich Patricia, Sheila und Gerry mit Johns Mutter Una und ihrer Schwester Jess an. Sie saßen gemeinsam im Außenbereich der Bar und redeten über Gott und die Welt. Sie lachten, erzählten Witze, sangen, und Patricia trank an diesen Abenden sogar ein oder zwei Gläser Bier. Sie und Sheila leisteten sich ein paar Zigaretten, und meistens war auch die Musik gut – wenn sie nicht gerade das spielten, was Gerry als «französischen Mist» bezeichnete.

«Aber wir sind nun mal in Frankreich», erinnerte ihn Patricia.

«Ich weiß, aber trotzdem», sagte er.

Am vierten Abend beschlossen Patricia und Sheila, dass sich Gerry in Unas Schwester Jess verknallt hatte, und sie wetteten um einen Zehner, ob die beiden «es» tun würden oder nicht.

«Warum nicht?», sagte Patricia. «Schließlich sind sie beide Single. Ich setze einen Zehner darauf, dass sie es bis Ende der Woche machen.»

«Auf keinen Fall, die spielt in einer ganz anderen Liga», sagte Sheila. «Einen Zehner dagegen.»

Einmal gingen sie zu einem Gottesdienst, aber da sie ein paar lange Abende hinter sich hatte, schlief Patricia nach der Hälfte ein. An einem anderen Tag wurde sie nackt und frierend in die Wunderquelle getaucht und eine volle Minute von zwei netten freiwilligen Helferinnen im Wasser gehalten. Während die beiden um Absolution beteten, betete Patricia darum, in der Kälte keinen Herzinfarkt zu bekommen, und zwei Sekunden später wurde sie aus dem Wasser gezogen und war augenblicklich knochentrocken. Viele Leute behaupteten, das wäre an sich schon ein Wunder, aber, um der Wahrheit die Ehre zu geben, draußen war es 28 Grad warm.

Patricia erwartete ihr Wunder nicht von der Wunderquelle, denn sie hatte schon zweimal darin gebadet, ohne jedes Resultat. Aber schließlich hieß es: «Aller guten Dinge sind drei», und sie wäre doch dumm, es nicht zu versuchen, immerhin war es eine WUNDERQUELLE. Natürlich lachte ihre

Mutter in ihrem Kopf. *Ja, klar ist das hier ein Wunder, und es besteht darin, dass du dir in dieser mit Krankheitskeimen verseuchten Brühe, in der du da badest, keinen Herpes holst.*

Verzieh dich, Mutter, sagte sie in ihrem Kopf.

Danach ging sie noch zweimal zum Beten zur Grotte, aber die übrige Zeit verbrachte sie im Urlaubsmodus, genoss die vormittäglichen Sonnenbäder, bis zum Nachmittag verschobene Mittagessen, späte Streifzüge durch die Läden und die gute Stimmung und die Musik am Abend. Una und Jess passten gut zu ihr, Sheila, Gerry und der armen Mary. John saß einfach da, machte Geräusche, und gelegentlich bildeten sich Speichelbläschen vor seinem Mund.

Eines Morgens nach dem Frühstück verkündete der Hoteldirektor, am Nachmittag würde ein berühmter Priester vorbeikommen, um an alle, die wollten, geweihte, braune Padre-Pio-Skapuliere auszugeben. Patricia wusste nicht recht, weshalb dieser Priester berühmt war, und es kümmerte sie auch nicht, denn Padre Pio war ihr Lieblingsheiliger. Er war der Heilige, an den sie sich in allen Lebenslagen wandte, in guten und schlechten Momenten. Einmal war sie von einem Freund gefragt worden, warum sie Padre Pio so sehr mochte, und sie hatte nach kurzem Zögern geantwortet.

«Weil er gelitten hat», hatte sie gesagt. Das gefiel ihr wirklich an ihm. Padre Pio war Patricias «Ansprechpartner».

Das ist es. Das ist ein Zeichen. Heute bekomme ich mein Wunder. Jetzt ist es so weit, Ma! Sheila half Patricia in ihr schwarzes Lieblingskleid und kämmte ihre Haare glatt zur Seite, bevor sie zurücktrat, die Frisur ansah und sie dann wieder zerzauste.

«Durcheinander sieht es besser aus», sagte Sheila. Patricia war aufgeregt. Im Lift auf dem Weg zur Lobby hinunter hatte sie Schmetterlinge im Bauch. Gerry, Mary, Una und John hatten sich schon mit ungefähr fünfzig weiteren Hotelgästen versammelt, einschließlich Suzie.

«Sie sagen, jemand Berühmtes kommt ins Hotel!», rief Suzie. «Wissen Sie, wer es ist?»

«Ein Priester», sagte Patricia.

«Ein was?»

«Ein Priester», rief Patricia.

«Ein verdammter Priester?», rief Suzie. «Ach, Mist, ich dachte, es wäre Joan Collins oder so jemand.» Suzie ließ sich von Jean zum Pool hinausschieben, und nach einem kurzen Streit, in dessen Verlauf Jean drohte, Suzie in den Pool zu schieben, kam Jean etwas peinlich berührt zurück, weil die meisten der Versammelten ihre hässliche Auseinandersetzung mitbekommen hatten. Alle warteten geduldig, und dann erschien der Priester oben an der Treppe. Die Leute reagierten fanatisch, schoben und drängelten wie verrückt. Jeder wollte der Erste sein, der ihn begrüßte. Der armen Una wurde beinahe ein Zeh abgefahren, als sie versuchte, John aus dem Gedränge zu schieben. Patricia war ganz vorn, und sie hielt die Stelle vor sich frei, damit Una John vor sie an einen sicheren Platz schieben konnte.

«Sie sind der Star für mich», sagte Una.

«Aber keine Joan Collins», erwiderte Patricia und lachte.

Der Priester war Italiener und konnte wenig bis gar kein Englisch, aber das störte Patricia nicht. Alles, was sie wollte, war ihr fellbraunes, geweihtes Skapulier und den Segen des berühmten Priesters, mehr nicht. Er segnete John und hängte dem Kind das Skapulier um. Dann tat er das Gleiche für Patricia, und bevor er weiterschritt, nahm sie seine Hand und dankte ihm.

Nachdem sie in ihrem Zimmer ein Nickerchen gemacht hatte, versuchte sie probeweise, die Beine zu bewegen – nichts passierte. Aber sie gab die Hoffnung nicht auf, sie hatte immer noch viel Zeit. Sie rieb mit den Fingern über das Skapulier und betete zu Padre Pio. *Lieber Padre, bitte heile mich, und wenn du es nicht kannst, lass mich schnell sterben. Amen.* Später wurde sie von Sheila rechtzeitig zum

Abendessen geduscht und angezogen. Una, Jess und Gerry saßen schon am Tisch, John und Mary lagen im Bett. Während sie bei der Vorspeise waren, bückte sich Sheila, um die Serviette aufzuheben, die Patricia heruntergefallen war, und bemerkte, dass Gerry und Jess unter dem Tisch miteinander füßelten. Sie beugte sich zu Patricia. «Darauf kommst du nie», sagte sie.

«Du schuldest mir einen Zehner», sagte Patricia.

«Woher hast du das gewusst?»

«Ich habe gesehen, wie sie sich die Kleidung zurechtgezogen haben, als sie aus dem Aufzug kamen.»

«Meine Güte», sagte Sheila. «Es geschehen doch noch Wunder.»

Während sie so miteinander witzelten, sagte Jess, sie würde hinaufgehen, um nach John zu sehen. Una gab ihr den Zimmerschlüssel, Jess sprang die Treppe hinauf, und Gerry schaute ihr nach, zufrieden wie die Made im Speck.

«War doch ein super Tag, oder, Mädels?», sagte er. «Ein echter Traumtag.» Er hob sein Glas, und die Frauen prosteten ihm zu. Sie hatten ihre Gläser gerade wieder abgestellt, als sie Jess schreien hörten, die mit wildem Blick die Treppe heruntergestürmt kam.

«Die Tür ist von innen abgeschlossen. Da ist jemand bei John im Zimmer», schrie sie. Una war innerhalb einer Sekunde auf den Beinen, rannte los, und der Hoteldirektor eilte hinter ihr her. Gerry folgte ihm. Der gesamte Speisesaal vibrierte vor Spekulationen und Fragen. Fünf Minuten später kamen eine ungewöhnlich blasse Una, Jess, der Generaldirektor und ein verwirrt aussehender Gerry die Treppe wieder herunter. Der Direktor verkündete, es habe ein kleines Missverständnis gegeben, und alles wäre, wie es sein sollte. Una und Jess setzten sich schweigend auf ihre Stühle. Es war Gerry, der zuerst sprach.

«Als wir hinkamen, stand die Tür offen, und das Padre-Pio-Skapulier, das der Junge getragen hatte, baumelte am Türknauf.»

«Und es war niemand in dem Zimmer?», fragte Patricia.

«Aber die Tür war abgeschlossen, und ich habe drinnen eine Stimme gehört. Das schwöre ich», sagte Jess.

«Er schläft ganz ruhig», sagte Una.

«Na, dann geht es ihm ja gut», sagte Sheila.

«Genau», sagte Gerry.

«Ich glaube, ich esse meinen Nachtisch oben im Zimmer», sagte Una.

«Gute Idee», sagte Patricia. «Lass ihn jetzt besser nicht allein.»

In dieser Nacht hatte Gerry zum letzten Mal das Vergnügen, mit Jess zusammen zu sein.

Patricia und Sheila kamen am nächsten Morgen als Erste zum Frühstück, dicht gefolgt von Gerry und Jess, die sich benahmen wie die Turteltauben. Patricia und Sheila amüsierten sich darüber, aber dann sahen sie Una die Treppe herunterkommen, sich dabei an ihrem Sohn festhaltend. Patricia musste zweimal hinschauen. *Unmöglich!* Das Kind hatte während der gesamten Ferien im Rollstuhl gesessen. Jess stand auf, schrie und schlug sich die Hand vor den Mund. Sie lief zu ihrer Familie und schloss sie in die Arme. John stand etwas unsicher auf den Beinen, doch er war ein ganz anderer Junge als der, mit dem sie die Woche verbracht hatten. Una und Jess halfen ihm, sich an den Tisch zu setzen. Una weinte. «Er ist seit über einem Jahr an den Rollstuhl gefesselt», sagte sie. «Es ist ein Wunder.»

Patricia kam beinahe das Frühstück hoch. «Oh, verdammt», murmelte sie vor sich hin.

«Wie bitte?», sagte Una.

«Nichts», sagte Patricia. «Ich freue mich für Sie.»

Sheila brachte Patricia nach dem Frühstück auf ihr Zimmer.

«Was ist passiert?», fragte Sheila, als Patricia ihre Handtasche an die Wand schleuderte.

«Ich habe Una bei dem Priesterbesuch vorgelassen, das ist passiert.»

«Und?»

«Und dieses verdammte Kind hat mir mein Wunder gestohlen», sagte Patricia.

Sheila biss sich auf die Unterlippe, musste aber trotzdem lachen. «Echt, Trish, glaubst du wirklich, dass wir gerade ein Wunder erlebt haben?»

«Wie würdest du es denn erklären?», fragte Patricia.

«Ich würde sagen, die zwanghaften Zuckungen des Jungen haben zeitweise ausgesetzt und werden irgendwann wieder anfangen. Das war nur ein Zufall, das ist alles.»

«Wenn du nicht daran glaubst, warum kommst du dann überhaupt mit mir hierher, Sheila?»

«Weil ich deine beste Freundin bin und du nicht nach Vegas fahren willst», sagte Sheila und umarmte Patricia. «Du weißt doch, dass ich alles für dich tun würde.»

Trish weinte ein bisschen, als sie einsah, dass es kein Wunder für sie geben würde.

«Ich habe Angst davor, auch ein Zombie zu werden», gestand sie.

«Ich weiß», sagte Sheila und wischte ihr die Tränen aus dem Gesicht. «Das wird nicht passieren.»

«Nächsten Juli fahren wir nach Vegas», versprach Patricia.

«Endlich sagst du mal was Vernünftiges.»

Als der nächste Juli kam, fühlte sich Patricia nicht gut, sodass sie beschlossen, die Reise zu verschieben. Dann kam der 19. Juli, und er verlief wie ein ganz normaler Tag. Patricia saß mit ihrer Freundin Trudy beim Mittagessen und amüsierte sich über eine Fernsehsendung. Sie aß zwei Portionen Nachtisch und schwor, bald eine Diät anzufangen. Nachdem sie noch eine Partie Karten gespielt hatte, sagte sie der Krankenschwester, sie wäre müde, und ließ sich zu Bett bringen. Keine Stunde später erhielt Sheila einen Anruf aus dem Krankenhaus. In Patricias Körper versagte ein Organ nach dem anderen. Sheila traf noch rechtzeitig ein, um die Hand ihrer Freundin zu halten, und Patricia wachte für einen Moment auf und lächelte.

«Ich schlafe jetzt, Sheila», sagte sie, und damit war Patricia einfach gestorben.

«Sieht so aus, Süße», flüsterte Sheila unter Tränen, «als hättest du endlich dein Sommerwunder bekommen.»

♡

Juliet Ashton

Ein gutes Mädchen

Aus dem Englischen von
Katharina Naumann

7:00 Uhr morgens · 25.12.1982

S erena kniff die Augen zu, um sich noch eine
Weile einbilden zu können, dass sie noch
schlief. So ziemlich jede andere Siebenjährige wür-
de inzwischen auf dem Bett herumhüpfen, das
Papier von den Geschenken reißen und die neuen
Monchichis triumphierend herumschwenken.

Wenn ich meine Augen nicht öffne, dachte Serena,
dann fällt Heute vielleicht aus.

«Steh-auf-steh-auf!», krähte ihr Bruder und landete direkt auf ihren Beinen. «Steh auf!», fügte er
hinzu. Zurückhaltung lag ihm nicht.

«Geh runter von mir!», brüllte Serena. Sie hatte
gegen ihren Willen die Augen aufreißen müssen.
Jetzt schaute sie sich in ihrem Zimmer um. Es

war dunkel, die Vorhänge waren noch zugezogen, nur die Lichterketten leuchteten wie Glasperlenschnüre. Im Radio unten in der Küche spielten sie Weihnachtslieder, und das feierliche Klappern der Frühstücksvorbereitungen drang zu ihnen herauf. Es würde warme Brötchen mit Erdbeermarmelade geben, wie jedes Weihnachten.

Ein Strumpf, der sich vielversprechend beulte, hing am Pfosten ihres eisernen Bettgestells. «Nein, das ist meins», warnte sie ihren Bruder, der schon seinen klebrigen, vorwitzigen Finger in die Öffnung gesteckt hatte, um das Innere zu erforschen. Serena schüttelte ärgerlich den Kopf. Er verdarb aber auch immer *alles*. So lagen die Kleider, die sie am Abend zuvor so sorgfältig für ihre Barbie bereitgelegt hatte, jetzt überall verstreut und zertreten herum. Sie strich die winzige pinkfarbene abgeschnittene Hose und das grelle Neckholder-Oberteil mit dem Paisleymuster vorsichtig glatt. (Manchmal dachte Serena, dass Barbie vielleicht ein bisschen etwas von einer Herumtreiberin hatte, aber dann verwarf sie den Gedanken schnell wieder.)

Ihre eigenen Kleider lagen ordentlich über der Lehne ihres Stuhls. Eine rote Cordlatzhose. Ein kanariengelber Rollkragenpullover. Schick. Hübsch.

Ihr stand ein schwieriger Tag bevor, aber zumindest würde Serena gut dabei aussehen. Nicht so wie Mum, die in den letzten vierzehn Tagen immer dasselbe Jeanskleid getragen hatte und deren ungewaschenen Haare an eine Vogelscheuche erinnerten.

Nachts hatte sie den gezischten Unterhaltungen gelauscht und den spitzen Bemerkungen im Auto, die vollkommen an ihrem Bruder vorbeigegangen waren, und sie hatte daraus geschlossen, dass Mums Schlampigkeit einer der Gründe war, warum Dad sie verließ.

Ich meine, Herrgott noch mal, hast du dich in letzter Zeit mal im Spiegel angeschaut?

Als Mum gebeten hatte: «Bitte gib uns noch ein letztes Weihnachten zusammen», hatte sie überhaupt nicht wie sie selbst geklungen. Sondern wie eine sehr, sehr alte traurige Dame.

«Kinder!», rief Dad jetzt von unten herauf. Er klang fröhlich. Er klang ganz wie er selbst. «Kommt runter!» In letzter Zeit schien Dads gute Laune Mum wütend zu machen, fast als ob er nur deshalb glücklich wäre, um sie zu ärgern.

Serena zog sich an und spürte, wie jede einzelne Sekunde dieses letzten, kostbaren Weihnachtens an ihr vorbeizischte und verflog. Sie hakte die Träger ihrer Latzhose sorgsam fest und schlug den

Rollkragen ihres Pullis auf genau die richtige Art um. Sie kämmte sich ordentlich das Haar, freute sich an seinem Glanz und wusste dabei, dass auch Mum sich darüber freuen würde.

Ich will ein gutes Mädchen sein.

Serena, der Name bedeutete «heiter» und «gelassen». Und genau so wollte sie sein. Sie würde sich große Mühe geben. Nicht nur an diesem besonderen Tag, sondern immer. Und eines Tages, in ferner Zukunft, wenn sie richtig, richtig alt wäre, so um die zwanzig, dann würde sie einen Mann wie Barbies Ken heiraten: liebevoll, gut aussehend, perfekt.

Sie strich mit der Hand über den Strumpf, als ob sie versuchte, etwas in Blindenschrift zu entziffern. Dabei ertastete sie ein Buch. Ein Springseil. Eine Puppe.

Nichts davon wollte sie haben.

8:04 Uhr morgens · 25.06.1991

Tolles Timing.

Serenas Freund war ein toller Küsser, ein toller Tänzer und toll darin, Mum zu überreden, dass sie auch während der Woche mit ihm ausgehen durfte. Aber vor allem hatte er ein Talent für tolles Timing.

Um mit der Freundin ausgerechnet am Abend vor der Highschool-Prüfung in Mathe Schluss zu

machen, musste man schon ganz schön rücksichts-
los sein und ein gewisses Maß an Sadismus besit-
zen. Das hatte Serena von einem so liebenswürdi-
gen Jungen wirklich nicht erwartet.

*Ich weiß nicht mehr, wie man eine Zahl als Produkt
ihrer Primfaktoren errechnet,* dachte Serena. Sie vertraute nur noch vage darauf, dass zwei plus zwei
vier ergab: Ihr Kopf war voll von ihm, vom Duft seines Haargels und der geschmeidigen Kraft seiner
braunen Arme, die sie umarmten, und von der in-
teressanten Ausbuchtung, die er an sie presste und
die sie in den Sommerferien genauer hatte untersuchen wollen.

Ich sterbe als Jungfrau, dachte sie. *Als Jungfrau, die
nicht rechnen kann.*

In ihr Zimmer, aus dem sie nur zum Teil das Rosa
ihrer Kindheit entfernt hatte, flutete vollkommen
unangebrachter Sonnenschein. Wie konnte das
Wetter nur so gefühllos sein? Serena brauchte jetzt
Gewitterwolken und das traurige Prasseln eines
Dauerregens.

Es war Zeit, aufzustehen. Der Wecker war uner-
bittlich. Und dennoch blieb Serena in ihrem Bett
liegen, gegen die Anforderungen des Tages durch
die Bettdecke geschützt.

Ihre Schuluniform hing über der Lehne des Bug-
holzstuhls, den Serena aus dem Sperrmüll gerettet

und leuchtend rot gestrichen hatte. Jede einzelne Falte des marineblauen Rocks war messerscharf gebügelt. Eine blütenweiße Unterhose lag auf einem zusammengefalteten Paar Socken. Auf dem Teppich stand ein Paar polierter Schuhe wie zwei alte Freunde nebeneinander, wie auf Kommando bereit zum Sprung.

Serena spürte eine plötzliche Welle von Energie.

Sie würde sich sorgfältig anziehen, dann würde ihr Hirn schon wieder aufwachen. Sie war erst sechzehn: Es würde andere Ausbuchtungen geben, die sie untersuchen könnte. Heute musste sie die Prüfung mit Bravour bestehen.

Serena dachte an die Zukunft, die sie sich erträumte und die sie nur noch umsetzen musste. Sie hatte Mums Mantra verinnerlicht: Gute Noten führten zu einem guten Job, der wiederum gutes Geld bringen würde. Serena würde der Armutshölle entkommen, in die sie nach Dads Fortgang geraten waren. Sie würde den Mann kennenlernen, der da draußen irgendwo auf sie wartete, den perfekten Lebensgefährten, der sie als seine Seelenverwandte erkennen würde, als seine Partnerin. Er würde sie niemals verlassen, und Serena würde niemals in der Weinflasche Trost suchen müssen. Sie würde ebenso gut in der Liebe sein wie in Mathe.

Sechsunddreißig als Produkt seiner Primfaktoren ist zwei mal zwei mal drei mal drei.

Serena sprang aus dem Bett.

Sie rief: «Mum! Steh auf!», und mühte sich mit ihrer Schuluniform ab. Dabei fiel ihr Blick auf das Poster, das sie an ihre Tür geklebt hatte: ein gebräunter Halbgott mit breiten Augenbrauen, ganz in Leder gekleidet, der in ein Mikrophon gurrte. *Vielleicht* wartet *er ja auf mich,* dachte sie und warf ihrem geliebten George Michael einen Handkuss zu.

1:07 Uhr morgens · 17.10.1993

Auuuuu!

Winzige Mäuse krabbelten in Serenas Kopf herum, und jede einzelne hämmerte auf einem winzigen Amboss herum. Und dann sangen sie auch noch ihre eigenen Lieder. Hinter ihren Augen, die sie fest zusammenkniff, intonierten sie: *Du warst aber sehr, sehr blau gestern Nacht!*

Sie riss die Augen auf, als sie die Erinnerung mit voller Wucht wieder überkam. Und die Mäuse sangen vergnügt im Chor: *Du hast deine Jungfräulichkeit verloren!*

Serena stöhnte, dann wimmerte sie, weil das Stöhnen noch mehr weh tat.

Schwarze Leggings baumelten von der Glühbirnenfassung herunter. Ihre Jeansjacke, auf die sie Flicken genäht und an die sie Buttons geheftet hatte, war linksherum gewendet und achtlos auf den Boden geworfen. Wie Fahnen lagen die Kleider von gestern schlaff und abgetragen überall im Zimmer verstreut. Serena wusste genau, wie sie sich fühlten.

Sie achtete nicht auf die raupenförmige Erhebung neben ihr unter der Bettdecke und zog so vorsichtig wie ein Einbrecher ihre Arme aus dem Knäuel Bettwäsche.

Warum gerade der? Serena war verwirrt. *Warum dieser Trottel?* Das bedeutungsvollste Ereignis in ihrem bisherigen Leben, ein echter Wendepunkt, und sie hatte ihn ausgerechnet mit dem Jungen erlebt, der schon seit dem ersten Tag des Studiums hinter ihr hergedackelt war. Seine Bewunderung für Serena war für die anderen Jurastudenten praktisch ein Running Gag. Er studierte bildende Kunst, trug einen viel zu großen Vintage-Mantel (Secondhand zu sagen, war wohl ehrlicher), übersät mit Farbflecken, und er tauchte überall dort auf, wo sie war. Er fing ihren Blick über den Rand seines Bierglases in der Studentenbar auf; er saß mit hochgelegten Füßen da und sah zu, wenn sie Tennis spielte; er bewarb sich um die Rolle des Benedikt im Schauspielkurs, wenn sie die Beatrice in «Viel Lärm um nichts» spielte.

Und dennoch hatten sie nie miteinander gesprochen, bis gestern Nacht. Der Vorrat an ekelhaftem, selbstgemachtem Wein auf der Party in der Wohnung des Freundes eines Freundes hatte ihr erst die Zunge gelöst und dann die Erinnerung gelöscht. Sie hatte keine Ahnung, worüber sie geredet hatten, als sie gegen den Kühlschrank gelehnt nebeneinandergestanden hatten. Die Küche hatte sich gefüllt, geleert und wieder gefüllt. Sie hatte sich vehement eingesetzt für ... *was*?

Herrgott, der konnte vielleicht schnarchen. Er drehte sich um und verkroch sich noch tiefer unter ihrer Bettdecke. Seine Haare erinnerten an ein Bündel Stroh. Er war rotblond: Seine Wimpern waren ganz durchsichtig, seine Haut leuchtete weiß, als ob sie aus Papier und von innen beleuchtet wäre.

Schwarzhaarig, groß gewachsen, geheimnisvoll: So mochte Serena ihre Männer. Sie sehnte sich nach einem selbstsicheren Alpha-Männchen, das sie einfach umhauen würde. Von hackevollen Karotten träumte sie eher nicht.

Wie bei den Songs einer Greatest-Hits-Schallplatte kamen Fetzen dessen wieder, was geschehen war, nachdem sie die Party verlassen hatten.

Sie erinnerte sich daran, sich an der Bushaltestelle derart vor Lachen gebogen zu haben, als würde sie niemals wieder aufhören können. Sie erinnerte sich daran, dass sie vor ihm geheult hatte, weil sie – ach, du lieber Gott – an den Tod ihres Hamsters hatte denken müssen, als sie vier Jahre alt gewesen war. Sie hatten sich vor ihrer Haustür aufeinandergestürzt, und sie erinnerte sich, dass sie ihn in ihr Zimmer gezerrt hatte, die Lippen wie mit Sekundenkleber an seine geklebt.

O nein.

Sie hatte für ihn gestrippt. Einen echten Striptease hingelegt. Und sie hatte ihren drittbesten BH getragen, den, der nur noch von einer Sicherheitsnadel zusammengehalten wurde.

Serena konnte sich nicht mehr gegen die Bilder wehren, die jetzt mit voller Wucht zurückkamen, obwohl sie sich innerlich zwang, nicht allzu genau hinzusehen. Sie beschloss, dass es eigentlich ganz schön gewesen war. Kein Himmel voller Geigen, und ein Erdbeben hatte es auch nicht gegeben. Es war eher verspielt gewesen, so als ob ihre Körper einander schon gekannt hätten. Leidenschaftlich, das ja, aber irgendwie lustvoll und gleichzeitig – bekömmlich. Beide Male. Nein, Moment ... alle drei Male.

Serena wurde rot.

Er wachte jetzt auf. Serena kniff wieder die Augen zusammen und wusste, wenn sie genauso schlecht spielte wie damals die Beatrice, dann würde er ihr niemals glauben, dass sie noch schlief.

Sie spürte, dass sich etwas im Raum veränderte, als er zu sich kam, als ihm wieder einfiel, wo er war und mit wem er im Bett lag. Die Luft verdichtete sich irgendwie. Das Bett schien sich buchstäblich anzuspannen.

Geh weg!, befahl sie ihm in Gedanken, aber er blieb stocksteif liegen und spielte toter Mann. Warum konnte er nicht einfach aufstehen und weggehen? Es war alles ein großer Fehler. Sie müssten nie mehr darüber sprechen. Herrgott noch mal, sie müssten überhaupt nie mehr *miteinander* sprechen. Serena konnte es kaum erwarten, aufzustehen und ihr Zimmer aufzuräumen, die getragenen, muffigen Kleider in den Wäschekorb zu stopfen, zu duschen und sich für das fertig zu machen, was von diesem Tag übriggeblieben war.

Geh einfach.

Er streckte die Hand nach ihr aus und ertastete die Wölbung ihrer Hüfte.

Serena drehte sich zu ihm um. Er konnte ja gleich danach gehen.

Guy.

Serena sagte sich leise seinen Namen vor, noch bevor sie die Augen öffnete. Er war der erste vollständige Gedanke in ihrem Kopf, als sie aufwachte.

Guy.

Sie hatte gar nicht erwartet, in ihrem Jugendbett sonderlich gut zu schlafen, aber die unruhige Nacht, die sie gerade unter ihrer Patchwork-Tagesdecke verbracht hatte, war sogar noch schlimmer gewesen als erwartet. Sie hatte das Haus ausgeräumt, ihre Mutter war wie ein Gespenst durch die halbleeren Zimmer gegeistert, und Serena hatte ihren Bruder verflucht, der angeblich «zu beschäftigt» war, um ihr dabei zu helfen. Die Männer in ihrer Familie hatten wirklich ein Talent dafür, den schwierigen Dingen des Lebens aus dem Weg zu gehen.

Sie sah sich im Zimmer um, das langsam von der aufgehenden Sonne erleuchtet wurde. Nirgends hingen noch Poster und Anhänger und all die Bildchen, die die jüngere Serena gebraucht hatte, um einen Schutzwall zwischen sich und der Wirklichkeit zu errichten. Noch ein Semester, noch ein letzter Anlauf, und dann wäre sie fertig mit dem Studium, hoffentlich mit mindestens einer Zwei plus in der Tasche, und könnte sich in die große-böse-echte Welt aufmachen. Jetzt, da Mum in eine kleinere Wohnung zog, würde sie dort kein eigenes Zimmer mehr haben, das auf sie wartete.

War es gemein, trotzdem froh zu sein?

Mum hatte voller Bewunderung dabei zugesehen, wie ihre Tochter all die Träume, die sie für die kleine Serena gehabt hatte, sogar noch übertraf. «Du wirst meine Fehler nicht wiederholen», hatte sie stolz gesagt. «Du wirst eine selbständige Frau sein und auf eigenen Füßen stehen.» Aber dann hatte sie wehmütig hinzugefügt: «Aber vergiss nicht, dich zu verlieben, ja?»

Sie hatte Mum nie etwas von dem Trottel erzählt. Serena dachte nicht weiter darüber nach, dass er immer noch zu ihr kam. Er war bequem wie die alten Frottélatschen, die ihre Zehen neben dem Bett ertasteten. Ja, ja, er behauptete, ihre wabbeligen Stellen ganz besonders zu lieben, und er schaffte es zweifellos, sie anzuturnen, aber du lieber Gott, er konnte sie ebenso schnell wieder abturnen. Diese Bedürftigkeit. Diese Albernheit. Der Trottel sah an allem immer nur die lustige Seite. Er machte aus allem einen Witz.

Ganz anders als Guy.

Serena sprang aus dem Bett, zog die schwarzen Strumpfhosen und den engen schwarzen Rock

und den schwarzen Pulli an. Mum würde den Kopf
schütteln und murmeln: «Gehst du auf eine Beerdigung?»

Nein, würde Serena antworten, ich treffe gleich Guy,
den Mann, den du mir gestern Abend auf dieser schreck-
lichen Familienfeier vorgestellt hast, denn der hat mich
gefragt, ob ich heute mit ihm in diesem schicken neuen
Restaurant in der Hauptstraße Mittag essen gehen will.

Gut aussehend. Erfolgreich. Guy war ein Mann,
der wusste, wann man ernst sein musste. Er war
vollkommen konzentriert gewesen, als er sich zu
ihr heruntergebeugt hatte, um sie nach ihrer Nummer zu fragen, ganz so, als sei das die wichtigste
Frage seines Lebens. Serena gefiel die Frau, die sich
in seinen grauen Augen spiegelte.

Guy war die Zukunft.

6:45 Uhr abends · 27.08.1998

Serena legte sich das Kissen auf den Kopf, um das
aufdringliche Gepiepe des Weckers auszublenden.
Sie wollte die Augen noch nicht öffnen und sich
wieder bewusst werden, wie unglaublich wenige
Quadratmeter sie sich für ihr Geld in dieser riesigen Stadt leisten konnte.

Ihre Mitbewohner waren freundliche, entspannte Leute. Sie hatte Glück gehabt, das wusste

sie, dass sie sich nicht ständig mit ihnen darüber herumzanken musste, wer den letzten Joghurt im Kühlschrank gegessen hatte oder wer mit dem Putzen dran war. Das Mädchen im Zimmer nebenan war ganz besonders freundlich und unbekümmert: Serena legte keinen Wert darauf herauszufinden, woher die Geräusche kamen, die sie durch die Wand hörte. In manchen Nächten hörte es sich an, als ob ihre Mitbewohnerin mit einem frischen Schellfisch geschlagen würde, in anderen, als ob sie ihre Ringertechniken vervollkommnete. Aus der Nähe war das Liebesleben anderer Leute doch ziemlich rätselhaft.

Aber nicht so rätselhaft wie ihr eigenes.

Um diesen Gedanken wieder zu verdrängen, öffnete Serena jetzt doch die Augen und schaute sich in ihrer mönchischen Zelle um. Der Vermieter hatte deutlich gesagt, dass er keine Veränderungen wünschte. Serenas Welt war vollkommen weiß: ein Ikea-Rollo. Ein selbstaufgebauter Schrank. Ein Schaffell. Der fröhlichste Fleck in ihrem Zimmer war ihr alter Stuhl, inzwischen schon ziemlich zerkratzt, aber immer noch von einem trotzigen Rot. Darauf lagen sorgfältig gefaltet, wie immer, die Kleider für heute. Ein adrettes marineblaues Kostüm, eine cremefarbene Seidenbluse mit einer Schluppe. Diese Schuhe, die so furchtbar drückten.

Das Meeting heute war ungeheuer wichtig, der erste dicke Fisch, seit sie ihr Referendariat in einer der wichtigsten Kanzleien Englands begonnen hatte. Sie hatte ihre Hausaufgaben gemacht, jetzt musste sie nur noch entsprechend aussehen.

Serena hatte eigentlich vorgehabt, aus dem Bett und direkt unter die Dusche zu springen, sich die Haare zu föhnen, sie zu einem glänzenden Chignon im Nacken festzustecken und wie eine Walküre durch die Drehtür ihres Bürohauses zu stürmen.

Der Plan – oh, wie Serena Pläne liebte! – war bereits gescheitert, denn der Arm des Trottels lag wie ein Schraubstock um ihre Taille.

Er hatte anders ausgesehen, als sie ihm letzte Nacht zufällig begegnet war. (Es kam ihr vor, als ob der Abend schon lange her wäre, aber nein, sie hatten den ganzen Wein und die ganze Küsserei in nur ein paar kurzen Stunden absolviert.) Sie hatte einen Moment gebraucht, bis sie ihn wiedererkannt hatte und sich damit herausgeredet, dass es schließlich schon ein Jahr her war, seit sie die Uni hinter sich gebracht hatten, aber in Wirklichkeit war es der Anzug gewesen, der sie verwirrt hatte.

Er sah in seinem gutgeschnittenen dunklen Dreiteiler so erwachsen aus, geradezu *unternehmerisch*. Sein Kiefer wirkte kantiger, seine immer zu einem Lachen bereiten Züge strenger als in ihrer Erinnerung.

Offenbar hatte er seine dummen Träumereien von irgendeinem alternativen Leben aufgegeben, in dem nur die anderen Männer Anzüge trugen und sich vom großen Gott des Business versklaven ließen.

Sie waren in eine Bar gegangen und dann in eine andere weitergezogen. Dann in einen Club. Dann hatten sie atemlos in einer Gasse neben den Mülltonnen geknutscht. Es hatte sich alles so vertraut angefühlt, ein Revival all der albernen Nächte, die sie auf der Uni miteinander verbracht hatten, in denen sie voller Lust und Lachen sorglos wie Kleinkinder umhergezogen waren.

Unglücklicherweise hatte ihr besoffenes Hirn die Erinnerung an die Folgen ausgeblendet, und jetzt verbrachte sie wieder einen «Morgen danach» mit dem Trottel.

Oder besser gesagt: mit James. Ihr war sein Spitzname aus Versehen herausgerutscht, aber er hatte so verletzt gewirkt, dass sie beschlossen hatte, ihn ab jetzt nur noch bei seinem richtigen Namen zu nennen. Serena war ein Mädchen, das seine Versprechen hielt.

Wobei Guy das vermutlich etwas anders sah.

Guy war perfekt, das stand außer Zweifel. Er war

wie der fleischgewordene Barbie-Ken. Gut aussehend. Aufmerksam. Männlich. Aber Guys Freundin zu sein, war manchmal ... verwirrend. Waren sie
im Moment gerade zusammen oder nicht? Es war
demütigend, sich eingestehen zu müssen, dass sie
es nicht wusste.

Wenn sie sich seiner Gefühle sicher gewesen
wäre, wenn es nicht diese langen Phasen nebulö-
ser Unsicherheit gegeben hätte, während derer sie
kaum ein Wort von ihm hörte, dann hätte sie es
niemals zugelassen, dass James ihre Hand nahm,
sie hätte sich nicht zu ihm gebeugt, um seinen
merkwürdigen, leicht schiefen Mund zu küssen,
als er ihr Essen bestellte, sie hätte ihr Gewissen
nicht im roten Hauswein ertränkt. Sie wäre Guy
vollkommen treu geblieben während des Jahrs
und der paar Wochen, die ihre Mutter hartnäckig
«Brautwerbung» nannte. Guy hätte dieser Zeit gar
keinen Namen gegeben. Er zog es vor zu sagen:
«Es ist, was es ist, und es ist wunderbar.»

Wunderbar, aber verwirrend.

Neben ihr im Bett roch ihr Gefährte genauso,
wie sie es in Erinnerung hatte. Zitronen. Kaffee.

Aber es gab natürlich immer eine Überraschung
mit dem Tro..., *nein*, mit James. Sie rollte mit den
Augen und musste daran denken, wie sie ihn nach
seinem letztendlich ja doch «normalen» Job ge-

fragt hatte. «Wer hätte gedacht, dass du einen Anzug tragen würdest?», hatte sie ihn geneckt. «Dazu noch ein so teures Modell.» Es war eine von Guys Lieblingsmarken.

«Das Ding hier?» Er befingerte das Etikett, als wäre es ein totes Tier. «Oh, Serena ...» Er musste sich das Lachen verbeißen. «Ich war auf einer Beerdigung. Den habe ich von meinem Vater geliehen.» Er schien ihren entsetzten Blick zu genießen. «Ich bin Künstler.» Und dann konnte er es sich nicht verkneifen hinzuzufügen: «Ich habe den am wenigsten normalen Beruf der Welt.»

In zehn Minuten musste sie unter der Dusche sein. James' Atem ging gleichmäßig, zufrieden, aber in ihren Ohren klang er unerträglich laut. Sie versuchte darüber nachzudenken, wie sie Guy ihren Fehltritt beichten sollte. Es war undenkbar, ihn nicht zu gestehen. Sie wusste aus erster Hand, welche Auswirkungen Lügen auf Beziehungen hatten.

Es würde ihre Beziehung auf die Probe stellen. Es würde schwer sein, ihm reinen Wein einzuschenken, aber es wäre noch schwieriger, ihm zu gestehen, was sie für ihn fühlte, dass sie eine Zukunft mit ihm wollte. Das würde ihn womöglich noch mehr von ihr forttreiben als ihre Untreue. Es war eine riskante Strategie, aber Serena musste den Gedankennebel vertreiben. Sie musste ans Licht, in die Sonne.

«He du!» Sie knuffte James in die Seite. «Steh auf und raus mit dir!»

Das neue Jahrhundert gleich mit Ausschlafen zu beginnen, bedeutete im Grunde nichts anderes, als das Schicksal herauszufordern. Nicht nur ein neues Jahr, sondern gleich ein neues Jahrhundert – sollte sie da nicht aufspringen und ihr Schicksal in die Hand nehmen?

Serena öffnete die Augen und sah, dass ihr Kleid unordentlich über der Lehne ihres Stuhls hing. Sie hatte nichts herausgelegt. An diesem Tag hatte sie nichts geplant.

Aus dem Badezimmer – eine wahre Kathedrale aus Marmor und Chrom – drang das gedämpfte Rauschen der Dusche. *Groß genug für zwei*, hatte sie bemerkt, als sie eingecheckt hatten, und dann hatten sie das gemeinsam bewiesen.

Das Kleid, ein Traum aus Tüll mit Mieder und Spitzen, bauschte sich und sah aus, als ob noch jemand darin steckte. Die knapp sieben Kilo abzunehmen, hatte sie fast umgebracht. Serena hatte nicht gewusst, wie sehr sie Kohlehydrate liebte, bis sie auf sie verzichten musste. Aber es hatte sich gelohnt, allein schon für das kollektive Luftanhalten, als sie die Kirche betrat. Ihr Dad hatte ganz feuchte Augen vor Stolz. Man musste jetzt nicht hinterfragen, wo er all die Jahre eigentlich gewesen war. Er war an ihrem großen Tag gekommen, und das reichte.

Und es war wahrhaftig ein großer Tag gewesen. Die Glocken hatten geläutet, die Brautjungfern waren gekommen, die kleinen Jungs hassten die Westen, die man sie zu tragen gezwungen hatte, immer wieder brachten die Kellner Canapés vorbei, Champagnerkorken knallten, Jung und Alt tanzten bis in die frühen Morgenstunden hinein.

Es war eine Hochzeit, an der man alle anderen Hochzeiten messen würde. Sie sah praktisch vor sich, wie ihre Tanten in den kommenden Jahren nicken und sagen würden: «Das ist wirklich ein nettes Fest, aber nichts im Vergleich zur Hochzeit von Serena und Guy.»

Wie ein Filmstar hatte er in seinem Cut ausgesehen. Seine Rede war eine Ode an sie, voller Versprechungen für ihr gemeinsames Leben. Sie hatte aus dem Augenwinkel gesehen, dass ihre Mutter das Taschentuch nahm, das ihr Vater ihr angeboten hatte. Ihre Eltern hatten wie ein echtes Paar ausgesehen. Einen flüchtigen Augenblick lang.

«Guten Morgen, Frauchen!»

«Guten Morgen, mein Göttergatte!» Sie wurden es einfach nicht müde, es immer wieder auszusprechen. «Möchtest du da drin vielleicht ein wenig Gesellschaft?»

«Zu spät.» Guy trocknete sich das dichte Haar und trat ins Zimmer. «Ich habe den ganzen Tag verplant. Ich zeige dir Florenz. Du wirst es lieben.»

Nicht so sehr, dachte Serena, wie ich dich liebe.

7:00 Uhr morgens · 18.03.2003

Das Bett war breit. Das Zimmer war groß, verdammt, das ganze Haus war riesig.

Sie krabbelte über Guy herüber – mit einem kurzen Blick auf ihn versicherte sie sich einmal mehr, dass er schlafend genauso gut aussah wie wach – und gab sich Mühe, ihn dabei nicht zu wecken. Er hatte gestern Abend lange gearbeitet und war ganz erschöpft nach Hause gekommen. Wie er immer wieder sagte, ihr Leben war nicht billig.

Serena übernahm ihren Teil. Sie hatte sich hochgearbeitet auf der Karriereleiter und sich durch alles durchgebissen, was man ihr zwischen die Beine geworfen hatte. Sie betrachtete nichts als selbstverständlich und gab sich bei den Prozessen, die viel Geld und Ansehen brachten, ebenso viel Mühe wie bei ihren ersten, unbedeutenderen Fällen.

Sie hatte einen taubengrauen Hosenanzug und eine Nadelstreifenbluse über dem antiken Stuhl zurechtgelegt. Für diesen zurückhaltenden Stil war sie inzwischen bekannt. Sie hatte in der Ehe mit Guy eine Menge gelernt.

Dankbarkeit zum Beispiel. Für ihn, für all das, für sie *beide*.

Sie war zuversichtlich, dass bald auch Babys kommen würden. «Du bist doch erst achtundzwanzig», erinnerte sie Guy, wenn sie sich doch einmal Sorgen machte. «Du hast noch so viel Zeit.»

Er hatte recht. Guy hatte immer recht. (Na ja, einmal hatte er den denkwürdigen Fehler gemacht, ihre Mutter mit in den Urlaub zu nehmen, aber immerhin hatte er damit bewiesen, dass er das Herz am rechten Fleck hatte. Nie. Wieder.)

Es ging nicht nur darum, dass sie ein Baby wollte. Der Wunsch war da, ein Ziehen tief unten in ihrem Bauch, das irgendwie mit ihrem Herzen verbunden war. Wenn sie ganz ehrlich war, dann ging es ihr auch um das Bedürfnis, Guy und sie aneinanderzubinden, mit einem Band, das haltbarer war als das der Ehe und der Hypotheken und der Gewohnheit und, natürlich, der *Liebe*.

In jenem Urlaub war sie dumm genug gewesen,

ihre Gedanken mit ihrer Mutter zu teilen. «Ein Baby», hatte ihre Mutter finster bemerkt, «ist kein Klebstoff.»

Ein Husten. Guy drehte sich um und stützte sich auf einen Arm.

«Pssst, Liebling», flüsterte Serena. «Gönn dir noch ein bisschen Ruhe. Ich muss ins Gericht.»

«Viel Glück», sagte er, lächelte und war schon halb wieder in seinen Träumen.

«Das brauche ich nicht.» Serena war vorbereitet. Sie hatte ihre Hausaufgaben gemacht. Alles war wasserdicht. Sie mochte keine Grauzonen, ein hilfreicher Charakterzug für eine Rechtsanwältin.

Und dennoch glaubte sie an Glück. Sie glaubte, eine glückliche Frau zu sein. Ihr Maskottchen lag im Bett, ausgestreckt wie ein goldenes X in der weißen Bettwäsche.

Sie schlüpfte in Schuhe, die genau auf der Grenze zwischen seriös und sexy lagen, und dankte Gott einmal mehr, dass sie sich bei ihren Eltern nicht mit dem Scheidungsvirus angesteckt hatte.

Sie war immun.

7:00 Uhr morgens · 25.12.2005

Heute Morgen brauchte sie keinen Wecker.

Ein Truthahn wartete im Kühlschrank auf sein

Schicksal. Eine Schar Verwandter, die es zu unterhalten galt, war auf dem Weg zu ihr. Seine Eltern waren im Anbau, ihre Mutter im Gästezimmer untergebracht. Ein gefährlich hoher Turm Geschenke stand neben dem Weihnachtsbaum.

Der flauschige Pulli und die dunkelblauen Jeans, die sie die Nacht zuvor herausgelegt hatte, kamen ihr plötzlich nicht mehr passend vor für alles, was sie noch zu tun hatte.

Guy lag praktisch im Koma. Sie würde ihn wach rütteln müssen. Er war mit einem gesunden Schlaf gesegnet, ohne dass er wie Serena je verzweifelt zu Tabletten greifen musste.

Draußen war es immer noch dunkel. Der finstere Himmel spiegelte Serenas Verfassung wider, wo alles nur Schatten war. Sie war gestern gegen eine Mauer geprallt. Sie war einfach am Ende. Die Energie, die sie dafür aufgewendet hatte, an Guy zu glauben, war einfach verpufft – pffft! –, und sie hatte den Kopf gehoben und ihn in allen Einzelheiten erkannt, wie er dort stand, den Gästen Drinks mixte und höflich fragte, ob sie die Reise gut überstanden hatten.

Es war wie ein Spezialeffekt in einem Horrorfilm. Ganz plötzlich sah sie ihn, wie er wirklich war. Sie hatte den Wahnsinn darin begriffen, als er behauptete, dass sie schlicht den Kontext der SMS missverstanden hätte, die sie auf seinem Handy entdeckt hatte. Wie konnte man den *Kontext anzüglicher Textnachrichten missverstehen*?

Die Erkenntnisse kamen schnell und schmerzhaft, eine nach der anderen. Sie waren die ganze Zeit dort gewesen, hatten im Hintergrund gelauert und darauf gewartet, dass sich der Schlaftablettennebel hob und sie ihr ins Gesicht springen konnten.

Sie hatte immer gewusst, auch wenn sie es erst jetzt zugeben konnte, dass selbst ein Mann in Guys Stellung nicht so häufig so lange arbeiten musste. Ebenso hatte sie immer gewusst, dass die persönlichen Assistentinnen mit den Silikonbrüsten nicht die am besten qualifizierten Bewerberinnen für den Job waren. Sie hatte immer gewusst, dass die eherne Firmenregel *Keine Ehefrauen auf Dienstreisen* auf Guys Mist gewachsen war. Und wer fliegt schon nach Hawaii, um dort über die europäischen Steuervorschriften zu beraten?

Serena stieß sich vom Bett ab, als ob sie ins Meer hinausschwimmen wollte. Was wäre gewesen, wenn sie die Hotelrechnung mit den *Massagen zu zweit* und *Dinner bei Kerzenlicht* nicht gefunden hätte? Hätte sie dann ihr ganzes Leben lang die Wahrheit verdrängt, wäre die rosafarbene Brille dann an ihrem Kopf festgewachsen?

Sie öffnete den Kleiderschrank und fuhr mit der

Hand die vielen eleganten Roben entlang, die dort hingen und in ihren Kleidersäcken knisterten. Guy war so gut darin, sie anzuziehen. Vielleicht sollte sie ihn aufwecken und ihn nach seiner Meinung fragen.

Was sollte man als Frau anziehen, wenn man seinem Ehemann sagt, dass man sich scheiden lassen will?

9:14 Uhr morgens · 22.10.2006

Der dumpfe Schlag vor der Haustür weckte sie auf.

Irgendwo in ihrem Unterbewusstsein hatte sie dieses Geräusch erwartet. In ihren Träumen hatte es von Postboten und Paketen und abgestempelten Umschlägen nur so gewimmelt.

Das Geräusch von etwas Hartem, das auf die Türmatte fiel, bedeutete nur einen weiteren Katalog, in dem perfekte Einrichtungen und glattgebügelte Familien angepriesen wurden. Das vorläufige Scheidungsurteil war, trotz seiner Bedeutung, nur ein hauchdünnes Dokument und würde kein Geräusch machen, wenn es auf die Matte fiel.

Von Rechts wegen sollte es dabei explodieren. Es sollte die Wände des Hauses zertrümmern und dabei langgehegte Träume zerstören, große Hoffnungen, ihren kindlichen Glauben an das Aufimmer-und-Ewig. Das sanfte Plopp, mit dem es auf die Matte fiel, war die Totenglocke für ihr Leben mit Guy.

Auf dem Stuhl lag eine bequeme Velourshose mit Gummizug in der Taille. Das Top passte nicht dazu und war außerdem eine Größe zu groß. Ich muss unbedingt wieder arbeiten, dachte Serena und zog beides an. Sie brauchte Reißverschlüsse, Gürtel, Knöpfe, um sich zusammenzuhalten. Sie lief Gefahr, aus der Form zu geraten, dass die Grenzen ihres Körpers so durchlässig wurden wie ihr Verstand.

Irgendwo im Durcheinander ihres Bettes vibrierte ihr Telefon.

Bin ich gestern überhaupt aufgestanden?, überlegte sie und suchte nach dem Handy.

Sie starrte auf das Display.

Ich habe davon gehört. Es tut mir leid. Wollen wir uns sehen? Meine Schulter ist extra dafür gemacht, um sich daran auszuheulen. Aber kein Druck. J x

P.S. Er war einfach nicht gut genug für dich.

Serena hatte schon vergessen, wie sich Spaß anfühlte oder wie er roch. Ein Abend mit James wäre Spaß. Sie hatten immer Spaß zusammen, darin waren sie gut.

Aber das war auch alles. Serena brauchte auch

klare Regeln, Grenzen, *einen Plan.* Sie brauchte keinen feuchtfröhlichen Abend und ein paar Stunden Bumserei in seiner muffigen, vernachlässigten Wohnung.

Mit einem Fingertippen löschte sie die Nachricht. Sie zögerte nur ganz kurz, dann löschte sie auch seine Nummer.

7:00 Uhr morgens · 14.05.2007

Serena wachte auf, rieb sich die Augen und wartete, bis das Zimmer Gestalt annahm. Die Arbeit rief, ebenso wie der schwarze Hosenanzug, den sie auf dem Stuhl zurechtgelegt hatte. Er war streng und somit perfekt. Er wäre die Rüstung für ihre jährliche Leistungsbeurteilung. Sie nahm an, dass alles gutgehen würde, trotz ihrer schwachen Nerven. Sie hatte, weiß Gott, genug dafür getan.

7:00 Uhr morgens · 13.04.2008

Serena wachte auf, rieb sich die Augen und wartete, bis das Zimmer Gestalt annahm. Zeit, aufzustehen und zur Arbeit zu gehen. Heute war ein großer Tag. Meetings, dann Mittagessen mit einem Headhunter, dann zum Gericht. Der adrette schwarze

Hosenanzug lag schon über dem Stuhl und wartete auf sie.

7:00 Uhr morgens · 22.10.2009

Serena wachte auf, rieb sich die Augen und wartete, bis das Zimmer Gestalt annahm.

Sie drehte sich zur Wand. Sie weinte. Sie stand auf. Sie zog den adretten schwarzen Hosenanzug an, der über dem Stuhl lag. Heute war ein großer Tag. Serena wurde klar, dass jeder ihrer Tage ein großer war. Und dennoch: Wenn sie zurückschaute, ragte keiner besonders heraus.

7:00 Uhr morgens · 05.05.2010

Serena wachte auf, rieb sich die Augen und wartete, bis das Zimmer Gestalt annahm. So also, dachte sie, fühlt es sich an, wenn man fünfunddreißig ist. Die Postkarte ihrer Mutter mit dem rührseligen Gedicht darauf lag auf dem Teppich, wo sie sie hatte fallen lassen. Der adrette schwarze Hosenanzug hatte keine Ahnung, dass Serena Geburtstag hatte. Er wartete.

Serena wachte auf und rieb sich die Augen, aber bevor das Zimmer Gestalt annehmen konnte, riss sie etwas aus ihrem Halbschlaf, das sich anfühlte wie eine Kanonenkugel auf ihrem Bauch.

«Uff!»

Im Zimmer war es so hell, als hätte sie auf der Sonne selbst geschlafen.

Jetzt fiel Serena wieder ein, wo sie war und wer sie war. Sie war die Mutter dieses kleinen blonden Kobolds, der sich gerade auf sie geworfen hatte und fortgeflitzt war, um weiteren Unfug anzustellen.

Sie waren wegen des Lichts nach Griechenland gekommen, und jetzt flutete diese magische Quelle das kleine, einfache Zimmer. Neben ihr lag James auf dem Bauch und schnarchte.

Er hatte lange gearbeitet. Er arbeitete meistens lang, aber er betonte ständig, dass er dafür immerhin keinen langen Arbeitsweg hatte: nur eine Treppe hinunter in sein Studio. Die Insel inspirierte ihn; sie inspirierte ihn. Jedenfalls sagte er das. Und Serena konnte ihm glauben.

Es war ein großer Augenblick gewesen, als sie begriff, dass sie glauben konnte, was James sagte. Dass sie ihn nicht kontrollieren musste. Dass sie keine Zweifel hatte.

Später standen sie auf und aßen, was sie immer aßen. Sie kochte keine komplizierten Gerichte in ihrer einfachen Küche, nicht einmal zu Weihnachten. Sie entdeckte eine Leinwand, die in einen Seidenschal eingewickelt war, und fragte sich, ob er ihr wohl das Porträt von ihrem kleinen Jungen schenken würde. Sie hoffte es sehr.

Sie stieg vorsichtig aus dem Bett und bewegte sich dabei ganz sachte, weil ihre Last sie beschwerte. Wenn James aufwachte, würde er ihren Bauch küssen. Und ihn streicheln, weil das Glück brachte.

Über dem Stuhl lag ein Sarong. Darunter ihre Flipflops.

Schon wieder ein großer Tag für Serena.

�♡

Mia Morgowski

Ein Mann sieht rot

F elix, hier ist Steff, kannst du bitte vorbeikommen? Bei mir gibt es einen Notfall.»
Mit aufkommender Panik betrachte ich die rot-
braunen Flecken, die ein Eigenleben auf meiner
milchig weißen Haut zu führen scheinen. Wie eine
mitteldeutsche Milchkuh sehe ich aus. Notfall ist
hierfür nun wirklich keine Übertreibung.

«Steff? Was für ein Steff?» Mein Kumpel Felix
am anderen Ende der Leitung klingt verschlafen.
An einem Mittwochabend um 0:30 Uhr nicht weiter verwunderlich. Und bei Felix schon gar nicht.
Seit er mit Anja verheiratet ist, geht er pünktlich
um 23 Uhr ins Bett. Jedenfalls, wenn Anja zu Hause ist. Befindet sie sich auf Geschäftsreise, ordert
Felix um diese Zeit meist den ersten Schnaps zum
Bier.

«Steff. Stefan. Dein guter Freund und Arbeitskollege. Du erinnerst dich?» Ich bemühe mich, nicht eingeschnappt zu klingen, frage mich aber, ob ich von einem Freund, der am Telefon meine Stimme nicht erkennt, tatsächlich fachmännische Hilfe bei einem Notfall erwarten kann.

Felix bemerkt seinen Fauxpas und rudert zurück. «Natürlich weiß ich, wer du bist. Ich wollte auch eigentlich sagen: Was für ein Notfall?»

Na bitte. Geht doch. Trotzdem ...

«Reicht es nach all den Jahren, die wir uns kennen, nicht, wenn ich sage, dass ich Hilfe benötige? Allein das Wort Notfall sollte ausreichen, damit du dir deinen Flanellpyjama vom Leib reißt und dich sofort auf den Weg zu mir machst.»

Felix gähnt. «Jetzt?!? Hat das nicht Zeit bis morgen? Ich meine, wir sehen uns doch ohnehin in ein paar Stunden am Flughafen. Außerdem schläft Anja schon.»

Morgen ist alles zu spät. Zumal es ja wohl vollkommen egal ist, ob Anja schläft, häkelt oder gerade Bratkartoffeln brät. Schließlich soll nicht SIE kommen, sondern Felix.

«Anja solltest du besser zu Hause lassen, es ist nämlich ein ... äh ... männlicher Notfall.»

«Bitte? Und was soll das jetzt heißen?»

Ich rolle mit den Augen. «Mann, Felix, jetzt

komm einfach her und sieh es dir selbst an. Ich brauche Hilfe, wirklich.»

«Und was sage ich Anja, wenn sie fragt?»

«Ich denke, die schläft!?» Meine Güte, dieser Schisshase. «Wenn sie fragt, dann sagst du ihr, bei mir gäbe es einen Chemieunfall.»

Ich kann förmlich sehen, wie Felix die verschlafenen Augen aufreißt. «Einen Chemieunfall? Solltest du dann nicht Katastrophenalarm auslösen? Oder bei der Feuerwehr anrufen?» Er klingt jetzt nicht nur wach, sondern beinahe panisch.

Endlich eine angemessene Reaktion auf meine Misere. «Ich kann zurzeit keine fremden Leute im Haus gebrauchen. Ich bin ... nackt.» Kurze Pause, dann hake ich noch einmal nach: «Also, kommst du jetzt?»

«Du bist doch nicht betrunken, oder?»

«Noch nicht, aber es ist nicht auszuschließen, dass das heute noch geschehen wird.»

Felix ist noch nicht restlos überzeugt. «Ist es irgendwie gefährlich? Ich meine, bist du kontaminiert?»

«Nein.»

«Sicher?»

«Mann, Felix!»

«Okay, okay. Bin schon unterwegs.»

Erleichtert lege ich auf. Gleich darauf betrachte

ich noch einmal eingehend meinen Körper, dann lese ich zum zwölften Mal den Aufdruck der Tube Selbstbräuner, die vor mir auf dem Wannenrand steht. Das heißt, genau genommen betrachte ich nur die Buchstaben, lesen kann ich die kleingedruckten Zeilen nämlich nicht, da sie auf Türkisch verfasst sind.

Bereits seit meiner Kindheit hege ich eine Abneigung gegenüber Gebrauchsanweisungen, doch seit heute hasse ich sie regelrecht. Zwar ist es mir in mühevoller Puzzlearbeit gelungen, die türkischen Wörter in meinen Computer einzugeben und anschließend mit Hilfe eines Übersetzungsprogramms in eine Art Deutsch zu verwandeln. Doch was dabei herauskam, hat nicht nur nicht geholfen, es macht mir regelrecht Angst:

Für Glossy Tan zunächst rohe Haut schriftlich von abgestorbenen Zellen reiben. Haut schält. Danach Sprühregen von Bronzeler. Verteilen Sie sich und Tube, dann entfernen. Browning zeigt nun Ergebnis von Selbsttest. Regelmäßige Wartung erforderlich. Gesamte Anwendung auf zwei oder drei Tage zu halten. Am Ende Falten und Hände waschen.

Also, wenn das kein Notfall ist, dann weiß ich es auch nicht. *Verteilen Sie sich und Tube?* Warum? Und woran soll ich meine rohe Haut reiben? Und wie soll das schriftlich gehen?

Argh, wer hätte überhaupt gedacht, dass es einer

Gebrauchsanweisung bedarf, um seinem Körper eine leichte, gesunde Sommerbräune zu verleihen? Ich meine, Rasenmäher, Handy, Auto – all das funktioniert doch auch ohne stundenlanges Studieren des Kleingedruckten. Warum sollte ausgerechnet Kosmetik so kompliziert sein?

Und alles nur wegen dieser bescheuerten Reise. Und natürlich wegen Filiz, meiner türkischen Nachbarin.

Als sie mir heute Morgen die Tube mit den Worten «Du musst das Zeug einfach überall dort auftragen, wo du braun werden möchtest» überreichte, konnte ich ja nicht wissen, dass ich mich bei unsachgemäßer Anwendung bereits am Abend in einen gefleckten Grottenolm verwandle. Aus Filiz' Mund klang auch alles irgendwie ganz einfach. «Es ist ein Kinderspiel», behauptete sie sogar und lächelte dabei so nett und wunderbar, dass mir, wie immer, wenn ich mit ihr spreche, fast schwarz vor Augen wurde.

Filiz ist eine Göttin, und ich liebe sie. Sie hat goldbraunes Haar, Augen wie mit dunkler Schokolade überzogen und eine Haut, die man andauernd anfassen möchte, was ich jedoch tunlichst lasse, da uns eine nachbarschaftliche Freundschaft verbindet, auf die sich ein solches Gegrabsche sicher störend, wenn nicht gar verheerend auswirken würde.

Für ein Geständnis meiner Gefühle fehlte mir bislang schlicht der Mut. Ehe in dieser Richtung nicht ein aufmunterndes Zeichen von ihr kommt, werde ich mich in die Rolle des guten Freundes fügen. Es gibt Schlimmeres. Zum Beispiel, sich nicht mehr in andere Frauen verlieben zu können.

«Das ist doch Schwachsinn», sagte Felix, dem ich als Einzigem von meiner Misere erzählt habe. «Du kannst nicht ewig auf ein Zeichen von dieser Frau warten. Die hat todsicher einen Freund. Such dir eine Tussi, die erreichbar ist.» Und in Hinblick auf unsere bevorstehende Reise fügte er letzte Woche hinzu: «Solche Trips sind ideal zum Flirten. Du wirst schon sehen: In null Komma nix hast du dich in eine andere verguckt. Auf Gran Canaria kann man quasi gar nicht allein ins Bett gehen.»

Das bezweifele ich nach wie vor. Zum einen hat er Filiz noch nie gesehen und weiß somit nicht, wie wunderbar sie ist. Zum anderen ist die Auswahl derer, in die ich mich auf unserer Reise vergucken könnte, überschaubar. Denn die meisten haben eines gemeinsam: Sie sind meine Arbeitskolleginnen.

Mein Kumpel Felix und ich arbeiten in einer Werbeagentur, die im letzten Jahr außergewöhnlich gut gewirtschaftet hat und deren Chef ein netter Mann ist. Nun möchte er sich bei seinen

Angestellten für diesen Erfolg bedanken und lädt alle Mitarbeiter – statt einer Weihnachtsfeier – zu einem Kurztrip nach Gran Canaria ein. Von Donnerstag bis Sonntag. Mit allem, was dazugehört: Wellness, surfen, schlemmen. Partner sind willkommen, müssen aber einen Unkostenbeitrag von 500 Euro leisten. Ein bisschen Sparsamkeit ist auch unter Werbern angebracht.

«Weißt du», sagte Felix, als die Reiseplanung begann, «auf der Fahrt machen wir ordentlich einen drauf. Ich lasse Anja zu Hause, und wir feiern richtig ab. Wie früher! Ich meine, hey, Gran Canaria – 25 Grad und Sonne –, da werden wir schon eine Braut finden, die dich wieder in die Spur bringt.»

Mir war zwar nicht ganz klar, warum Felix glaubte, ich wäre neben der Spur, aber ich vermutete insgeheim, dass er eher von sich sprach und während der vier Tage ohne Anja mal einen Spurwechsel ins Auge fasste. Andererseits habe ich ja nichts zu verlieren. Im Grunde genommen ist es vielleicht wirklich eine Gelegenheit, mir ein Abenteuer zu suchen und auf diesem Weg mein Herz von Filiz zu lösen.

«Mit Malia könnte ich ja vielleicht mal einen Cocktail trinken», schlug ich Felix nach reiflicher Überlegung vor, und mein Kumpel atmete einmal tief und geräuschvoll aus.

«Einen Cocktail trinken? Du liebe Güte, Steff! Wir fahren doch keine vier Wochen weg. Du musst schon ein bisschen temporeicher vorgehen. Allerdings finde ich nicht, dass Malia zu dir passt.»

«Ach, und warum nicht? Ich glaube nämlich, sie mag mich.»

Statt einer Antwort schnaufte mein Kumpel noch einmal abfällig und schwieg beharrlich.

Keine Ahnung, wo sein Problem liegt. Malia ist nett. Und hübsch. Sie hat die Hautfarbe eines afrikanischen Hürdenläufers und einen ähnlich durchtrainierten Körper. Ob das allerdings ausreichen würde, um mich von Filiz abzulenken, wage ich zu bezweifeln. Aber einen Versuch wäre es sicher wert. Schließlich kann mein Liebesleben nicht ewig brachliegen.

Das einzige Problem bei der Sache ist: Ich bin körperlich nicht so richtig gut in Schuss. Also, nicht dass ich dick wäre oder so, das ist es nicht. Nur bin ich eben auch nicht gerade ein Herkules. Seit einer Woche absolviere ich deshalb morgens ein strammes Hanteltraining, doch von sichtbaren Erfolgen bin ich weit entfernt. Was man hingegen sehr wohl sieht, ist, dass meine Hautfarbe – auch wohlwollend betrachtet – einem satten Signalweiß entspricht. Für Baumarktgänger: RAL 9003.

Malia und ich nackt nebeneinander – wir sähen

aus wie das Kinderschokolade-Pärchen. Wie Milch und Schokolade. Wie gesund und krank. Wie Seal und Heidi Klum. Und wo das hingeführt hat, weiß man ja.

Beim Anblick meines entblößten Körpers würde Malia mit Sicherheit davon ausgehen, ich sei radioaktiv verseucht, meine Blutkörperchen wären abgestorben, und eine gemeinsame Nacht mit mir sei ihr sicheres Todesurteil.

Und auch wenn ich frauentechnisch bislang nicht gerade auf der Überholspur unterwegs war, weiß ich sehr wohl, dass sie nur einen von beiden Zuständen verzeihen: keine Muskeln oder keine Farbe. Auf keinen Fall beides.

Leider kam mir diese schmerzliche Erkenntnis erst sehr spät. Genau genommen kam sie mir erst vor einer Woche, und ganz genau genommen kam sie auch nicht mir, sondern Filiz. Als ich ihr nämlich letzte Woche nur in ein Handtuch gewickelt die Tür öffnete und sie mit teilnahmsvollem Blick auf meinen entblößten Oberkörper starrte, sagte sie, dass man sich mit Leukämie auf keinen Fall aufgeben dürfe!

Nach Klärung des Missverständnisses erzählte ich ihr von meinem Wunsch nach einer gesunden Sommerbräune. Natürlich, ohne Malia zu erwähnen, ich bin ja nicht blöd. Stattdessen faselte ich etwas von einem Fotoshooting auf Gran Canaria, was ja nicht komplett gelogen war.

Filiz begriff sofort den Ernst der Lage und schlug vor: «Geh am besten auf die Sonnenbank. Dreimal reicht, dann siehst du aus wie mein Bruder.» Meinen Einwand, dass man davon Hautkrebs bekäme, wischte sie mit lapidarer Geste fort. «Doch nicht von dreimal.»

Von dreimal wurde ich allerdings auch nicht braun. Ich schaffte es lediglich, mich von RAL 9003 auf RAL 9010 hochzuarbeiten, was der Volksmund leider immer noch Reinweiß nennt.

Heute Morgen, als Filiz bei mir Kleingeld für eine Busfahrkarte wechseln wollte, wanderte ihr Blick zwischen meinem verzweifelten Gesicht und meinen käsigen Beinen hin und her, dann machte sie auf dem Absatz kehrt und verschwand in ihre Wohnung. Sekunden später drückte sie mir jene Cremetube in die Hand, wegen der ich jetzt halbnackt auf die Hilfe meines Kumpels warte. Dabei hatte ich extra gefragt, ob auf etwas zu achten sei. Doch Filiz schüttelte mit dem Kopf. «Nein. Steht aber notfalls alles auf der Tube.»

Die bronzefarbene Creme, die mir kurze Zeit später im Bad nach leichtem Drücken entgegenkroch, sah auch eigentlich sehr vielversprechend aus. Ich machte einen Test auf meinem Handrücken und stellte fest, dass das Ergebnis eine leichte, fluffige Sommerbräune simulierte. Da ich aber gern eine kräftige männliche Urlaubsbräune vorweisen wollte, schmierte ich mich – getreu dem Motto: Viel hilft viel – noch mal von oben bis unten damit ein und ging zur Arbeit.

Seit 15 Uhr weiß ich: Das war ein Fehler. Die leichte, fluffige Sommerbräune ist einem krassen, fleckigen Amber-Rot gewichen, das mich aussehen lässt wie einen Indianer mit Schuppenflechte. Ein amtliches RAL 6021 8029 7048, würde ich sagen, falls es das gäbe. Eine Mischung aus Masernrot, Perlkupfer und Blutorange.

Um 16 Uhr ging ich unter Vorspiegelung einer Allergie eher von der Arbeit nach Hause, und seit 17 Uhr spiele ich mit dem Gedanken, in Wasserstoffperoxid zu baden. Eines jedenfalls ist sicher: Hätte ich mit meiner käsefarbenen Haut bei Malia noch den Hauch einer Chance gehabt – mit dieser gesprenkelten Tönung würde sie mich schlichtweg zum Teufel jagen.

Seit 18 Uhr weiß ich: *Waschen Sie sich und Tube* hilft nicht, weshalb ich um Punkt 19 Uhr all meinen Mut zusammennahm und bei Filiz anrief, die aber weder zu Hause war noch an ihr Handy ging. Vermutlich hatte sie ein schlechtes Gewissen, weil sie mir versehentlich die Tube mit der Möbelpolitur gegeben hat. Oder aber sie hat sich ihren Bruder noch einmal genau angesehen, und ihr ist klar geworden, dass ich – falls ich nach der Anwendung tatsächlich so aussehen sollte – einen Grund hätte, sie zu verklagen.

Ein bisschen bin ich allerdings auch froh, dass Filiz mich in diesem Zustand nicht sieht. Immerhin ist sie eine Göttin. Und ich bin ein Honk. Ein tiefroter Honk.

Endlich klingelt es. Felix! Erleichtert reiße ich die Tür auf, ziehe ihn schnell ins Dunkle und lasse hinter uns die Tür ins Schloss fallen.

Fassungslosigkeit spiegelt sich auf dem Gesicht meines Kumpels wider, als er meinen entstellten Körper sieht. Einen Moment scheint es, als suche er nach den geeigneten Worten. Natürlich will er mich nicht verletzen, er ist ein wahrer Freund.

«Spinnst du jetzt total?», nölt er plötzlich los. «DESWEGEN sollte ich mitten in der Nacht herkommen?»

Empört deute ich auf meinen gefleckten Bauch. «Wie würdest du das denn bezeichnen, wenn nicht als Notfall?» War ja klar, dass Felix in Sachen Katastrophenbehebung nicht der richtige Mann ist. Erwähnte ich, dass er in der Werbeagentur als Buchhalter arbeitet? Die können vielleicht

Excel-Tabellen verwursteln, aber wortgewandtes Auftreten in Notfällen ist nicht ihre Stärke.

Ich bäume mich auf. «Wie soll ich mich denn bitte in diesem Zustand an den Pool legen? Geschweige denn, *zurück in die Spur finden*, wie du es nennst? Mal abgesehen vom Flirten. Ehrlich, Felix: Wer will sich schon von einem verbrannten Grottenolm ansprechen lassen?» Erstaunt stelle ich fest, dass ich mich offenbar doch stark auf die Reise gefreut habe.

Felix winkt ab. Nachdem er mich stumm zweimal umrundet und wie einen verkäuflichen Zuchtbullen begutachtet hat, fragt er: «Warum bist du so … gefleckt?»

Es gelingt ihm nicht, den Ekel auf seinem Gesicht zu verbergen. Ich überlege ernsthaft, ihn wieder nach Hause zu schicken. «Das ist Selbstbräuner», sage ich bemüht selbstbewusst. «Und du musst mir helfen, die Verfärbung wieder loszuwerden.» Zur Erklärung halte ich ihm die Tube vor die Nase, die mein Kumpel nun fachmännisch unter die Lupe nimmt.

«Ist das Zeug vielleicht abgelaufen?», will er wissen und bringt damit den ersten vernünftigen Satz seit seinem Eintreffen hervor, auch wenn der uns nicht wirklich weiterhilft.

«Keine Ahnung. Ist doch aber auch egal, oder?

Fakt ist: Ich sehe aus wie ein Eichhörnchen mit Pigmentstörungen. Also, lass dir bitte etwas einfallen.»

Mein Kumpel nickt, als seien Verfärbungen auf menschlicher Haut sein Spezialgebiet. Mit fester Stimme fordert er dann: «Gib mir mal die Gebrauchsanweisung.»

Stumm überreiche ich ihm den DIN-A4-Ausdruck mit der Übersetzung. Eine Weile liest Felix schweigend, wobei sich die Falten auf seiner Stirn von Zeile zu Zeile vertiefen.

Als alles komplett zusammengefurcht ist, blickt er hoch und fragt: «Hast du die Creme in einem afghanischen Bordell gekauft?»

Ich verziehe das Gesicht. «Das ist Türkisch.»

Felix übergeht meinen Einwand. «Was meinen die denn mit *regelmäßige Wartung erforderlich*? Hast du das gemacht?»

«Wie denn, bitte?», brause ich auf. «Ich hab doch keine Ahnung, was das bedeuten soll.»

«*Waschen Sie sich und Tube*», liest Felix vor und kann sich ein Kichern nicht verkneifen. «*Sprühregen Bronzeler.*» Jetzt gluckst er wie ein altes Auto. «Ist das krass!»

Mir reicht es. «Kannst du bitte mal wieder ernst werden? So kommen wir hier nicht weiter.»

Felix beißt sich auf die Lippen und sagt – nachdem er mich noch einmal fachmännisch begutachtet hat – halbherzig: «Also soooooo schlimm ist es nun auch wieder nicht.»

BITTE??? Ich möchte wirklich mal wissen, wo bei ihm schlimm anfängt. Offenbar noch nicht bei den Grottenolmen.«Das ist nicht dein Ernst!»

«Na, *du* sagst doch immer, dass es auf Äußerlichkeiten nicht so ankommt.»

DAS habe ich gesagt? Donnerwetter.

«Nun», setze ich an, meine altruistischen Worte wieder in realitätsnahe Bahnen zu lenken,«das mag vielleicht zutreffen, wenn jemand einen Leberfleck im Gesicht hat, ihm ein Zeh fehlt oder ...» Ich denke an Filiz. «... eine schiefe Nase hat. Aber dass geschlechtsreife Frauen beim Flirten über Flecken im Gesicht eines Kerls hinwegsehen, wage ich zu bezweifeln.»

«Beim Küssen schließt man doch aber die Augen. Außerdem ...» Felix macht eine Pause, und ich hoffe, danach kommt er mit einer besseren Ansage rüber. «Eine halbe Stunde im Salzwasser, und der Kram hat sich abgewaschen. Garantiert.»

Tatsächlich scheint mir das eine Überlegung wert zu sein.

Als er gerade ein weiteres Mal den Mund öffnet – vermutlich um auf den Salzgehalt des Atlantiks einzugehen –, klingelt es an der Haustür.

Erschreckt starren wir uns an.

«Hast du noch mehr Leute herbestellt?», fragt Felix und muss schon wieder losprusten. «Vielleicht damit wir deine rohe Haut gemeinsam schriftlich waschen?» Er klopft sich auf die Schenkel.

Ich könnte ihm den Hals umdrehen. Erst macht er mir diese Reise schmackhaft, und nun verhält er sich wie ein Idiot. Nach der Fahrt werde ich mich definitiv nach einem neuen Freund umsehen.

Genervt stürme ich zur Haustür und reiße sie auf. Ein Fehler. Ein Riesenfehler. Vor allem, weil ich noch immer nackt bin.

Vor mir steht Anja, Felix' Ehefrau. Bei meinem Anblick schreit sie auf.

Endlich einmal eine angemessene Reaktion auf mein Elend, denke ich, doch ehe ich zu einer Erklärung ansetzen kann, drängt Anja sich an mir vorbei in die Wohnung.

«Ist Felix hier?», ruft sie alarmiert, und ich weiß, dass weder «ja» noch «nein» eine befriedigende Antwort für sie wären. In beiden Fällen müsste Anja sich nämlich wundern, was genau ihr Mann gerade treibt.

«Schnuckel!», höre ich meinen Kumpel überrascht ausrufen, als Anja bei ihrer Razzia durch meine Zweizimmerwohnung das Bad erreicht. «Was machst du denn hier?»

«Dasselbe wollte ich dich auch gerade fragen.»

Die Verwirrung in ihrer Stimme ist nicht zu über-hören. «Du im Bad und Stefan nackt an der Tür – was hat das zu bedeuten?»

Genau, wie ich befürchtet hatte: Es wird schwie-rig.

«Also, *ich* wohne hier», sage ich in einem Tonfall, der keinen Zweifel darüber aufkommen lässt, dass ich in meiner Wohnung ja wohl machen kann, was und mit wem ich will.

«Schon klar», entgegnet Anja, ohne mich eines Blickes zu würdigen. «Ich meinte auch eigentlich: Warum ist mein Mann in deinem Badezimmer, wenn du nackt bist, wo er mir doch einen Zettel hinterlassen hat, auf dem stand, er würde zu seiner Großmutter fahren, weil sie Herzrhythmusstörun-gen hat?»

Nun ja. DAS weiß ich allerdings auch nicht.

Andererseits ist eine herzkranke Großmutter ja auch nicht so verdammt abwegig, oder? Es sei denn …

«Ich dachte, du hast gar keine Großeltern mehr?», frage ich Felix erstaunt.

Er rollt mit den Augen. «Mann, Stefan. Mir ist auf die Schnelle nun mal nichts Besseres eingefallen.»

Ich sag es ja: Buchhalter. Unkreativ bis in die Geheimratsecken.

«Ist doch jetzt auch egal», wiegelt mein Kumpel

ab und kommt stattdessen zum Wesentlichen. «Schnuckel, der Steff hat Selbstbräuner benutzt. Was dabei rausgekommen ist, sieht man ja. Hättest du mir DAS geglaubt?» Er deutet erst mit dem Kopf auf mich und tippt sich dann an die Stirn.

«Keine Ahnung», antwortet sie ehrlich, «aber dass ich dir dann nicht hinterhergefahren wäre, das weiß ich. So musste ich ja annehmen, du hast ein Geheimnis.»

Ich denke, dass sie damit auch gar nicht soooo falsch liegt, schweige aber lieber. Stattdessen nutze ich den Moment, um mir schnell eine Unterhose überzustreifen. Plötzlich wünsche ich mir nur noch, allein zu sein. Vielleicht um der Sache mit dem Salzwasser eine Chance zu geben. Eine bessere Alternative werden wir auch zu dritt kaum finden.

Anja unterbricht meine Gedanken. «Du willst mit der verfärbten Haut ja wohl hoffentlich nicht morgen im Meer baden, oder?» Es klingt beinahe so, als würde sie sich mit Selbstbräunern auskennen. «Davon würde ich dir jedenfalls dringend abraten.» Sie hebt warnend eine Augenbraue. «Es sei denn, du möchtest hinterher einen Grünstich haben.»

Du liebe Güte, nimmt das denn nie ein Ende? Fassungslos starre ich die frisch gekürte

Bräunungsexpertin an. «Du meinst, ich kann damit nicht ins Wasser?» Panisch schaue ich von ihr zu Felix. «Und was mache ich dann den ganzen Tag?»

Felix, der offenbar befürchtet, ich könnte ihn bei der fetten Sause auf Gran Canaria alleine lassen, schlägt halbherzig vor: «Spiel doch Beach-Ball. Oder Schach. Mit Toby zum Beispiel.»

Sehr witzig. «Du weißt ganz genau, dass Toby seine Frau mitnimmt und vermutlich keinen Finger ohne sie heben wird. Und selbst wenn die nicht mitkäme, wäre er vermutlich damit beschäftigt, Malia anzubaggern.»

Der Satz ist noch nicht vollständig im Badezimmer verklungen, da weiß ich, dass ich Scheiße gebaut habe. Felix und Anja starren mich gleichermaßen entgeistert an.

Anja findet als Erste ihre Sprache wieder. «Aha», sagt sie beinahe tonlos, und ich möchte jetzt nicht in Felix' Haut stecken, «heißt das, Ehefrauen dürfen also doch mitfahren?»

Schweigen.

«Dann bedeutet das wohl auch, dass du mich nicht dabeihaben wolltest, wie?», schlussfolgert sie weiter.

Die nun folgende Stille im Badezimmer ist fast schon unheimlich. Aber Anja ist noch nicht fertig: «Und diese Malia – ist das nicht die neue hübsche

Arbeitskollegin, auf die alle scharf sind? Alle außer dir, natürlich?» Sie pikst ihrem Mann fragend den Zeigefinger in die Brust. «Komisch. Warum nur gehst du dann seit einem Monat jeden Morgen um sechs joggen?»

Na, sieh mal einer an. DAS hat Felix mir nicht erzählt. Jetzt verstehe ich aber, warum er fand, dass Malia nicht zu mir passt. Der alte Schwerenöter! Vermutlich kommt ihm meine Verfärbung sogar ganz gelegen, die erhöht natürlich seine Chancen.

Ich fasse es nicht. «Weißt du, was?», sage ich und will gerade ebenfalls meinen Zeigefinger in Felix' Brust rammen, da klingelt es erneut an der Haustür.

Anja sieht mich fragend an. «Vielleicht ist das ja Malia», unkt sie und verzieht das Gesicht zu einer Grimasse. Dann wendet sie sich an Felix und faucht: «Oder möglicherweise kommt jetzt doch deine Großmutter?»

«Äh ... Ich schau mal schnell nach», sage ich, froh, der angespannten Stimmung entfliehen zu können. Vielleicht hätte ich mich bezüglich der fluffigen Sommerbräune doch besser von Sylvie van der Vaart als von Filiz beraten lassen sollen. Die hat doch jetzt wieder mehr Zeit.

Da ich erstens inzwischen eine Unterhose anhabe und mir zweitens sicher bin, dass weder Malia noch Felix' Großmutter vor meiner Haustür stehen, und man drittens seit Anfang des Jahres auch keine Angst mehr vor einem Spontanbesuch der GEZ haben muss, reiße ich forsch die Tür auf.

Vor mir steht Filiz! Sie hat meine Nachricht abgehört und kommt, um mich zu retten! Mein Herz hat vor Freude einen Aussetzer.

Filiz hingegen sieht nicht ganz so glücklich aus. Mit aufgerissenen Schokoladenaugen starrt sie auf meine gepunktete Brust. «Du liebe Güte, Steff! War das etwa der Selbstbräuner?»

Ich nicke stumm.

Filiz hält sich die Hand vor den Mund. «Hast du vorher denn kein Peeling gemacht?»

«Kein was?»

Filiz kräuselt das schiefe Näschen. «Ein Peeling. Um abgestorbene Hautschüppchen zu entfernen. Danach trägt man eine Bodylotion auf und erst dann die Bräunungscreme.»

Ach. Na, herzlichen Dank für die Info. Wäre super gewesen, wenn sie das heute Morgen schon erwähnt hätte.

Doch ich kann ihr nicht böse sein. Sie sieht mich so süß und schuldbewusst an, dass ich am liebsten sie trösten würde und nicht umgekehrt.

«Was ist jetzt mit deiner Reise?», will sie teilnahmsvoll wissen. «Ich meine, das ... Fotoshooting ...» Sie gerät ins Stocken.

«Ich werde hierbleiben.» Filiz' Anblick hat gereicht, um mir eines klarzumachen: Nie könnte ich etwas mit einer anderen Frau anfangen. Niemals.

«Geht das denn so einfach?»

Ich nicke. «Kein Problem. Das muss dann ... äh ... ein Kollege übernehmen.»

Filiz' Blick wird immer reumütiger. «Echt? Ja, dann ...» Sie sieht mich verlegen an und beißt sich auf die Lippen. «... dann hättest du also morgen Abend Zeit?»

«Ich?» Sicherheitshalber tippe ich mir an die eigene Brust.

«Ja. Du.» Filiz verkneift sich ein Lachen. «Dann würde ich dich als Entschädigung zu mir zum Essen einladen. Also ... falls du magst. Ich würde uns etwas kochen und anschließend ...»

Ich erfahre nicht mehr, was Filiz anschließend mit mir vorhat, und das ist vielleicht auch gut so, denn meine Knie sind bereits derart weich, dass ich kurz vor einer Ohnmacht stehe. Aber in meinem Bad wird es gerade laut. Sehr laut. So laut, dass Filiz den Satz nicht beendet, sondern mich fragend ansieht.

Tatsächlich hört es sich an, als würde jemand mit Shampooflaschen um sich werfen. Ich lasse Filiz in der Tür stehen, strecke die Puddingknie durch und hechte ins Badezimmer. Gerade noch rechtzeitig, um Anja daran zu hindern, mit meinem Nasenhaarschneider auf ihren Mann loszugehen.

«Stopp!», brülle ich. «Schluss mit dem Quatsch!»

Anja sieht mich an, als sei das ein zutiefst abwegiger Vorschlag. Allerdings lässt sie die Hand mit dem Elektrogerät sinken, als sie Filiz im Türrahmen erblickt.

«Ist das Malia?», will sie von Felix wissen, der daraufhin heftig den Kopf schüttelt.

«Nein, die Frau kenne ich nicht», jammert er. «Ehrlich. Ich schwöre!»

Als würde ihm das helfen! Idiot. Möglicherweise ist es an der Zeit, ihm mal einen kleinen Denkzettel zu verpassen.

Kurzerhand baue ich mich vor Anja auf und erkläre: «Das ist meine Nachbarin Filiz. Sie ist hier, weil sie dir etwas geben möchte.» Ich renne in mein Schlafzimmer, wühle in meiner gepackten Reisetasche und bin Sekunden später mit einem Ausdruck zurück im Badezimmer. «Genau genommen ist Filiz eigentlich hier, damit ICH dir etwas gebe.» Ich überreiche Anja den Zettel. «Mein Flugticket. Sicher kann man das spontan morgen früh am Flughafen umbuchen. Dann kannst du dir mit deinem Mann ein paar schöne Tage auf Gran Canaria machen. Die 500 Euro kann Felix sicher nachreichen. Ich bleibe lieber hier und pflege meine Haut. Außerdem habe ich etwas Besseres vor …»

Kurz zwinkere ich meinem Kumpel zu und genieße seinen wütenden Blick. Dann erkläre ich: «Morgen Abend bin ich nämlich zum Essen eingeladen. Und anschließend …»

Ich lächele Filiz vielsagend an.

♡

Sofie Cramer

Ein abgefahrener Sommer

E in kaum wahrnehmbares Lächeln huschte
über Veras Gesicht. Obwohl sie unaufhör-
lich nach draußen sah und ihr verschwommener
Blick sich in der vorbeiziehenden Landschaft ver-
lor, spürte sie, wie sie der Mann vom Platz schräg
gegenüber auf der anderen Seite des Gangs ausgiebig musterte. Etwas verlegen schlug sie ihre Beine
übereinander.

Wie lange war es her, dass ein Mann auf sie aufmerksam geworden war? Und wie lange war es her,
dass sie in einem Zug gesessen hatte?

Vera konnte sich nicht erinnern. Sicher, hier und
da hatte es vereinzelt Klassenreisen gegeben, die
sie als Lehrerin begleitete, oder eben die alljähr-
liche Fahrt für ein verlängertes Wochenende zu
ihrer Cousine Anna-Maria nach Kärnten. Meist

nahm sie dann den Flieger bis Klagenfurt und fuhr mit der Bummelbahn bis ins Hinterland. Wirklich lebendige Reiseerfahrungen verband sie jedoch nur mit einer Interrail-Tour, die sie vor über zwanzig Jahren zusammen mit ihren beiden engsten Freundinnen quer durch Europa unternommen hatte. In ratternden Bummelzügen waren sie damals durch die Steppe Südspaniens gekrochen, die kein Ende zu nehmen schien. Links und rechts der Trasse konnten sie ausufernde Melonenfelder bewundern. Die Hitze und das Flimmern über dem dunkelroten Sandboden hatten sie damals zu Feuertaufen und allerlei Mutproben angestiftet, die sie nach ihrer Rückkehr in den Norden niemandem verrieten, womit sie ihre letzten Jugendgeheimnisse bewahrten. Wie energiegeladen und mutig sie gewesen waren! Voller Abenteuerlust, die noch immer irgendwo tief in Vera schlummerte, sich aber nie wieder einen Weg in den Alltag gebahnt hatte.

Obwohl der Zug heute viel moderner ausgestattet war, schüttelte er die Köpfe seiner Passagiere noch immer gleich monoton nach links und rechts. Zufrieden ruhte Veras Blick auf den vorbeiziehenden Hügeln. Es war ein gutes Gefühl, dass der Mann immer wieder aufschaute und zu ihr herübersah.

Er trägt hübsche Schuhe, stellte sie beglückt fest, als sie für den Bruchteil einer Sekunde den Blick senkte und in seine Richtung sah. Unsicher fuhr sie sich dabei durch ihr blond gewelltes Haar. Die Schuhe waren sicher nicht billig gewesen, sie passten perfekt zu seinem dunkelbraunen Anzug mit der hellblau gemusterten Krawatte. Sein erlesener Geschmack war offensichtlich. Auch wenn Vera eigentlich nicht den Mut hatte, so konnte sie doch nicht anders. Sie sah noch einmal auffällig unauffällig in seine Richtung, sodass sich ihre Blicke treffen mussten.

Nach dem kurzen Blickkontakt wendete sie sich blitzschnell wieder ab. Sie spürte, wie ihr Herz einen Gang zulegte. Sie konnte nicht sagen, wie alt er wohl war. Seine aufrechte Haltung ließ auf eine gewisse Fitness schließen und war ein deutlicher Hinweis auf einen durchaus trainierten Körper. Auch die Fülle seines dunkelbraunen Haares bestätigte den ersten verheißungsvollen Eindruck, den sie beim Einsteigen gewonnen hatte. Er war ihr sofort aufgefallen, und sie hatte sich etwas langsamer, als man es für gewöhnlich tut, an ihm vorbei in den Zug geschlängelt. Doch jetzt traute sie sich nicht noch einmal, ihm in die Augen zu schauen, obwohl sie darauf brannte, den Unbekannten ausgiebig zu mustern. Doch dann würde sich dieser kostbare

Moment vermutlich für immer auflösen. So war er perfekt! Wie eine warme Sommerbrise.

Veras Gedanken schweiften wieder nach Spanien. Selten hatte sie sich so wohl in ihrer Haut gefühlt wie in jenem Urlaub. Den ganzen Sommer über trugen sie und ihre Freundinnen schulterfreie, kurze Kleider. Überhaupt dauerte die wärmste und lebendigste Jahreszeit in ihrer Erinnerung viel länger. Waren die Tage damals wirklich stets warm und sonnig und voller Magie und Spaß gewesen? Vera musste schmunzeln bei dem Gedanken an den Strand von Málaga. Sie hatten damals wenig Geld und keinen Gaskocher im Gepäck. Also steckten sie die Konserven in eine Mulde im heißen Sand, bis die Ravioli warm genug waren, um sie zu verspeisen, als seien sie eine Delikatesse. Drei gutgebaute Jungs hatten sie dabei amüsiert beobachtet und in einem holprigen Englisch angesprochen. Der Beginn einer unvergessenen Sommerromanze.

War so etwas auch heute noch möglich? Einem Fremden auf den ersten Blick zu gefallen? Einfach so, weil die Chemie, der Moment, der Ort, die Zeit, weil einfach alles stimmt?

Veras Blicke wanderten aufgeregt hin und her. Ihre Hände fuhren nervös über das Buch, das auf ihrem Schoß lag. Schließlich schloss sie die Augen und fragte sich, ob sie ihr Schmunzeln wohl verbergen konnte. Immer wieder kamen ihr Bilder von damals in den Sinn. Die Nacht auf dem Bahnhof von Zaragoza, das heruntergekommene Pensionszimmer in Portugal, von dessen winzigem Bad aus man auf dem Klo sitzend eine grandiose Aussicht auf die Dächer Portos hatte, oder die üppigen, in sattem Fuchsia blühenden Hänge an der einmalig schönen Strecke von Cannes nach Monte Carlo.

Ganz tief atmete Vera durch, und beinahe kam es ihr so vor, als inhaliere sie die gleiche schwülwarme Sommerluft wie damals. Vor ihrem geistigen Auge glitzerte das Mittelmeer bis zum Horizont.

Bloß nicht mit offenem Mund einschlafen!, dachte sie und amüsierte sich innerlich über ihre spontan empfundene Eitelkeit.

Wie gut, dass sie sich bei Anna-Maria eine frische Maniküre gegönnt hatte. Der korallenfarbene Nagellack harmonierte auch wirklich gut mit ihrer neuen Bluse, deren seidiger Stoff leichte Wellen schlug, weil der Fahrtwind mit zunehmender Geschwindigkeit heftiger durch das halb heruntergelassene Fenster blies. Dennoch wurde es deutlich wärmer, je länger sie Richtung Klagenfurt fuhren. Oder begann sie etwa zu schwitzen, weil die Aufregung sich allmählich vom Hals über den ganzen Körper ausbreitete?

«Entschuldigen Sie ...»

Vera schreckte hoch. Plötzlich sah sie in die tiefblauen Augen jenes Mannes, der eben noch Anlass ihrer Tagträume gewesen war. Er hielt ihr einen Schlüsselbund hin, den sie sofort als ihren eigenen identifizierte. «Mein Schlüssel!», entfuhr es ihr.

Ihr Ton klang vorwurfsvoll, und sie spürte, wie sie augenblicklich errötete. «Ich muss ihn verloren haben», ergänzte sie eilig und eine Spur sanfter.

«Ja, er muss Ihnen aus der Tasche gerutscht sein.»

Die Stimme dieses überaus souverän auftretenden Mannes strömte durch Veras Körper. Unwillkürlich musste sie an den albernen Werbespot für ein billiges Männerdeo denken, in dem Frauen wiederholt Gegenstände zu Boden fallen lassen, weil die aphrodisierende Duftprobe des Gentlemans sie betört.

«Vielen ... Dank», hauchte Vera.

Ihre Hände berührten sich, als der Unbekannte ihr den Schlüssel überreichte. Ohne den Blick von seinen eindringlichen Augen abzuwenden, ließ sie ihren Schlüsselbund mit dem kleinen Glücksbringer in Form eines silbernen Herzens in ihre Handtasche gleiten.

Was für alberne Gedanken ihr dabei durchs vernebelte Hirn schossen! Sie dachte an ihren alten, peinlichen Rucksack, dessen Stoff so abgewetzt und dessen Design so altmodisch waren, dass ihre Cousine am Samstag hart durchgegriffen und ihn kurzerhand entsorgt hatte, um Vera dafür eine ihrer sündhaft teuren Designer-Taschen zu vermachen und einen schicken silberfarbenen Trolley für sie zu kaufen. Fast so, als hätte sie geahnt, dass diese Accessoires bald eine wichtige Rolle spielen sollten. Und tatsächlich verliehen sie Vera etwas mehr Selbstvertrauen, das sie in dieser Sekunde gut gebrauchen konnte.

«Möchten Sie sich zu mir setzen?», fragte sie geradeheraus und zuckte innerlich erschrocken zusammen. Diese Direktheit war für sie ganz und gar untypisch.

«Gerne, wieso nicht?», antwortete der Mann mit einem verschmitzten Lächeln.

Nachdem er sich auf den gegenüberliegenden Sitz niedergelassen hatte, ohne den Blick von ihr abzuwenden, reichte er ihr die Hand und sagte: «Ich bin Jo, eigentlich Johann. Aber meine Freunde nennen mich Jo.»

Obwohl Vera am ganzen Körper leicht zitterte, streckte sie Jo ihre Hand entgegen und hoffte inständig, er würde nichts von ihrer Aufregung mitbekommen.

«Vera», erklärte sie, «eigentlich Vera-Florentine, aber mein Zweitname ist mir peinlich, den kennen nicht mal meine Freunde», entgegnete sie lachend, ihre Unsicherheit überspielend.

«Florentine klingt doch ganz sympathisch. Ich finde, der Name passt zu Ihnen!»

Noch ehe Vera darüber nachdenken konnte, ob sie diese Worte als Kompliment verbuchen durfte, brachte sie eilig ein leises «Danke!» hervor. Dann folgte ein Moment der Stille, in dem sie sich einfach nur ansahen.

Verlegen strich Vera sich durchs Haar und räusperte sich.

«Kommen Sie auch aus …»

Die Frage schoss beiden gleichzeitig aus dem Mund. Sie mussten lachen, das Eis war gebrochen, und es folgte eine lange, angeregte Unterhaltung über ihre Herkunft, den Grund ihrer Reise, die obligatorischen Zumutungen der Bahn und über Architektur. Wie sich herausstellte, war Jo nämlich Inhaber eines Architekturbüros, das er gemeinsam mit seinem Bruder führte, und unterwegs nach Klagenfurt, um dort einen Vortrag über ökologische Bauweisen zu halten.

Als Lehrerin für Deutsch und Englisch hatte Vera überhaupt keine Ahnung, wovon Jo sprach. Trotzdem oder gerade deswegen hing sie an seinen Lippen, als er mit glänzenden Augen und aus voller Überzeugung über die Vorzüge der Passivbauweise, über Sperrholz und schnell nachwachsende Bäume sprach. Und während sie zuhörte, ertappte sie sich bei dem Gedanken, dass diese durch und durch angenehme Person ihr gegenüber auch über Steuererklärungen oder Magendarminfekte referieren könnte. Ganz gleich, was er erzählte, Vera war vollkommen eingenommen von seiner sanften und doch männlichen Stimme und seiner besonders eloquenten Ausdrucksweise.

Und noch ehe sie eine dumme Frage stellen konnte, hielt er inne und deutete auf das Taschenbuch, das noch immer aufgeklappt auf Veras Schoß lag.

«Ich hab's verschlungen!», erklärte er. «An welcher Stelle sind Sie?»

Vera traute ihren Ohren kaum. Konnte das wirklich alles wahr sein? Ein Mann, der nicht nur ihr Herz zum Hüpfen brachte, sondern auch noch ihren Büchergeschmack teilte?

«Ich bin da, wo sie den ganzen Tag lang durch Amsterdam tingeln und irgendwann an den Blumenstand kommen, an dem er alle Tulpen kauft, um sie damit zu überhäufen», antwortete Vera lächelnd. Sie konnte ihre Freude darüber, dass Jo eines ihrer Lieblingsbücher nicht nur kannte, sondern offenbar auch so sehr schätzte wie sie, nicht verbergen.

Jo lachte ebenfalls und ergänzte: «Mir geht's genauso. Wenn mir ein Buch oder ein Film gefällt, ziehe ich mir den Stoff wieder und wieder rein, bis ich den Text oder die Dialoge auswendig kenne.»

«*Dieser Tag ist intensiver als jeder andere zuvor ...*», zitierte Vera aus dem Happy End ihres Romans.

«*... und sicher auch intensiver als jeder danach. Es sei denn, wir sehen uns wieder!*», ergänzte Jo mit einem beinahe jungenhaften Grinsen.

Vera klappte das Buch zu und sah auf die Uhr. Sie hatten noch etwa eine halbe Stunde in dem Bummelzug bis zu ihrer Ankunft.

«Ich hoffe, Sie langweilen sich nicht.» Jo war ihr Blick zur Uhr nicht entgangen.

Vera versicherte ihm, sie habe schon lange keine so nette Bekanntschaft mehr gemacht. Und das war sogar noch untertrieben, weil sie sich überhaupt nicht daran erinnern konnte, jemals einen Fremden auf diese so direkte und unkomplizierte Art kennengelernt zu haben. Sie tauchten weiter ein in das Leben des jeweils anderen. Jo erkundigte sich nach Veras Schule und horchte sie wie beiläufig über ihr Privatleben aus.

«Ich weiß ja nicht, wo Sie in Hamburg wohnen», sagte er. «Aber wenn Sie jemals mit Ihrem Mann oder mit Ihrer Familie aus der Stadt rausziehen wollen, würde ich es südlich der Elbe versuchen. Das scheint immer angesagter zu sein. Es muss dort schöne Flecken geben, die kaum einer kennt, stadtnah, aber einmalig im Grünen gelegen.»

«Ich habe weder Mann, Familie noch Haus. Aber danke für den Tipp», antwortete Vera und registrierte erfreut, dass Jo diese Aussage offensichtlich mit Wohlwollen zur Kenntnis nahm.

«Ich bin gerade dabei, mein Haus zu bauen.» Er deutete auf seine Stirn. «Das heißt, es entsteht gerade hier oben ...»

«Und? Ziehen Sie dort dann allein ein?», nutzte Vera die Gelegenheit und war gleichzeitig verblüfft über ihre forsche Nachfrage. Ihr neues Erscheinungsbild verlieh ihr eine ungekannte Sicherheit.

Jo schüttelte den Kopf, sodass Vera innerlich erstarrte.

Wie konnte sie nur so naiv gewesen sein und annehmen, ein Mann wie er wäre noch zu haben!, beschimpfte sie sich in Gedanken. Sie war bemüht, sich die Enttäuschung nicht anmerken zu lassen. Doch das gelang ihr nur mäßig.

«Mein Mitbewohner heißt Yoda», erklärte Jo gelassen. «Er hat riesige Ohren und tierischen Mundgeruch.»

Vera lachte erleichtert auf. Und sie lachte noch mehr, als Jo lustige Anekdoten über seinen Beagle lieferte, der den lieben langen Tag nichts anderes machte, als zu fressen und zu schlafen.

Die Zeit, in der sie sich über Yoda amüsierten und dabei irgendwie vom Hundefutter auf das Thema Kochen und Essen kamen, verflog nur so. Erst als die Durchsage kam: «Nächster Halt: Klagenfurt am Wörthersee», unterbrachen sie ihre Unterhaltung und hielten kurz inne.

«Jetzt haben wir so viel übers Essen gesprochen. Ich habe richtig Hunger bekommen», sagte Jo schließlich.

«Ich auch», schwindelte Vera. Nie und nimmer würde sie einen Bissen in Gegenwart dieses Mannes hinunterbekommen.

«Wollen wir zusammen Mittag essen? Oder wann geht Ihr Flieger?»

Veras Herz machte einen Aussetzer. Jo bat sie um ein Date, ein echtes Date!

Sie war verwirrt. Unzählige Gedanken purzelten augenblicklich wild durcheinander. Wann ging noch mal die Maschine nach Hamburg? Wo konnte sie ihr Gepäck lassen? Wie würde sie ihre Appetitlosigkeit überspielen können? Wie ihre Schweißflecken bei diesen hochsommerlichen Temperaturen verstecken? Und wie auf High Heels unfallfrei vom Bahnhof ans Wasser gelangen?

«Ich kenne nämlich ein sehr nettes Lokal, direkt am Ufer», erklärte Jo feierlich und sah auf seine Armbanduhr. Sie war quietschorange und im Vergleich zu seinem seriösen Outfit sehr auffallend, was ihn nur noch sympathischer machte, freute sich Vera.

Dann griff er nach seiner Laptoptasche, holte ihren Trolley aus dem Gepäcknetz und gewährte ihr den Vortritt durch den schmalen Gang zur Tür. Dort schlich er geschickt an ihr vorbei, ganz nah, ohne sie jedoch zu berühren, und öffnete die Zugtür mit einem kräftigen Stoß. Er trat als Erster die Stufen hinab aufs Bahngleis, um ihr den Reisetrolley abzunehmen und ihr galant die Hand zum Aussteigen zu reichen.

«Vor dem Gebäude gibt es bestimmt einen Taxistand», mutmaßte Jo und hob fragend seine Augenbrauen.

«Klingt verlockend.» Offenbar hatte Jo seinen Vorschlag, gemeinsam am Ufer des Wörthersees zu essen, durchaus ernst gemeint.

Als sie das überfüllte Bahnhofsgebäude verließen, umhüllte sie die spätsommerliche Luft wie flauschiges Wasser in einem Wannenbad. Jo deutete auf ein Taxi. Kurz sahen sie sich an, dann lächelten beide breit.

Vor lauter nervöser Vorfreude wusste Vera gar nicht, auf welcher Seite des Wagens sie einsteigen sollte. Glücklicherweise kam Jo ihr zuvor. Als hätte er Charme und Anstand mit der Muttermilch aufgesogen, öffnete er ihr die hintere rechte Taxitür und verstaute anschließend den Trolley im Kofferraum. Zügig ging er ums Auto herum, stieg auf der anderen Seite schwungvoll ein und nannte dem Fahrer die Adresse eines Lokals.

Auf der etwa zehnminütigen Fahrt bot er ihr das Du an. Übersprungartig plapperte Vera drauflos, was immer ihr einfiel zu dieser munteren, zuckersüßen Stadt. Wie viele nette Tage sie mit Anna-Maria und ihren Freunden hier schon verbracht hatte!

Sie wird vor Begeisterung durchdrehen, wenn ich ihr brühwarm von dem Flirt berichte, dachte Vera verzückt, als das Taxi zum Stehen kam und Jo wie selbstverständlich sein Portemonnaie zückte, um den freundlichen Fahrer mit dem charmanten Kärntner Akzent zu entlohnen.

Jo machte wirklich alles richtig. Das Ausflugslokal schien allerdings kein Geheimtipp zu sein. Zahlreiche junge Leute, darunter sicher viele Studenten, die der Stadt diese Lebendigkeit einhauchten, tummelten sich zu zweit oder in kleinen Gruppen an den wenigen, heiß begehrten Plätzen im Schatten. Von dort aus hatte man einen phantastischen Blick auf das ruhige Wasser, das von etlichen Leuten zur Abkühlung genutzt wurde.

Wo Vera auch hinsah, vergnügten sich Paare,

Familien und Freunde. Wie zur Huldigung dieses Bilderbuchwetters vor Bilderbuchkulisse.

Eilig scannte sie den zauberhaft angelegten Biergarten nach einem freien Platz ab, während sich Jo an einen der Kellner wandte. Doch auch der bestätigte, dass tatsächlich kein einziger Platz mehr frei war, weder drinnen noch draußen.

«Wollen wir dann ein paar Schritte gehen und es später noch einmal versuchen?», fragte Jo zu Vera gewandt. Er deutete dabei zu einem Weg, der sich dicht entlang des grünen Ufers erstreckte.

Vera hielt einen kurzen Moment inne, blickte dann betroffen hinab zu ihren Schuhen, deren Absätze höher waren als alles, was sie bislang getragen hatte. Außerdem würden sie mit dem Trolley dort nur sehr mühsam vorankommen.

Jo verstand offenbar sofort. Mit leiser Stimme wandte er sich erneut an den Kellner. Nach ein paar Sätzen, die Vera nicht verstand, lächelte der Mann freundlich, nickte und verschwand.

«Was hast du vor?», fragte sie verunsichert.

Jo ließ seine Tasche zu Boden sinken, bückte sich und begann, seine Schuhe und Socken auszuziehen. Ohne dass es albern aussah, krempelte er geschickt seine Hosenbeine hoch, wodurch zwei durchtrainierte Waden zum Vorschein kamen. Nun scannte er die Rasenflächen erneut ab und deutete schließlich zu einer großen Weide direkt am Wasser.

«Wie wäre es mit einem kleinen Picknick dort drüben?»

Ehe Vera antworten konnte, kam auch schon der Kellner mit einer weinroten Fleecedecke zurück, die Jo breit grinsend in Empfang nahm.

«Wir hätten gern noch eine Flasche gutgekühlten Prosecco», erklärte Jo, «den leckersten, den Sie haben!»

Vera stand der Mund offen. Erst als Jo sie fragte, ob sie auch Appetit auf eine original österreichische *Jause* habe, fing sie sich wieder und bejahte. So eine typische Brotzeit kannte sie von den Ausflügen mit Anna-Maria.

Erneut verschwand der Kellner ins Innere der Gastwirtschaft. Und dann tat Jo etwas, was Veras Herz noch stärker hüpfen ließ. Er lächelte sie an, nahm ihre Hand und geleitete sie zu dem wunderschönen Platz, den er ausgeguckt hatte. Dort breitete er die Decke aus und kniete vor ihr nieder. Dann fasste er behutsam nach Veras Beinen, um erst die Riemchen des rechten und dann des linken Schuhs zu lösen und sie langsam von ihren Füßen zu streifen.

Vera ließ es geschehen und gab schließlich ihren weichen Knien nach. Sie sank auf die Decke und hockte sich neben Jo. Dann kam auch schon der Kellner zurückgeeilt mit zwei Gläsern und einer Flasche im Sektkühler.

Dankbar nickten sie ihm zu. Natürlich ließ Jo es sich nicht nehmen, den Prosecco selbst zur Hand zu nehmen und zu öffnen. Die Flasche schien gut gekühlt, denn es hatten sich bereits Kondenstropfen gebildet, die an dem dunkelblauen Glas hinabperlten. Jo füllte die Gläser und reichte Vera eines.

«Auf uns und auf einen *intensiven* Tag!» Jo zeigte sein schönstes Lächeln.

Sie ließen ihre Gläser erklingen und tranken einen großen Schluck. Der Prosecco schmeckte hervorragend.

Vera schloss die Augen, um den Augenblick noch mehr zu genießen. Sie fühlte sich wie im Paradies und wollte sich gerade bei Jo für diese wundervolle Idee mit dem Ausflug bedanken, da schreckte sie durch ein Geräusch auf.

«Meine sehr verehrten Fahrgäste», ertönte eine blecherne Stimme. «In wenigen Minuten erreichen wir Hamburg-Harburg. Abfahrtzeiten und Gleise der Anschlusszüge entnehmen Sie bitte dem Faltblatt.»

Sofort riss Vera die Augen auf und saß mit rasendem Herzen stocksteif da. Sie wollte schlucken, doch ihr Mund war zu trocken. Ungläubig blickte sie auf ihre Uhr. Tatsächlich! Sie hatte noch etwa drei Minuten, um ihre Sachen zusammenzupacken und ihren alten Parka anzuziehen. Draußen war es fast dunkel, und an den hermetisch verschlossenen Fenstern sah sie, wie sich dicke Regentropfen durch den Fahrtwind zu traurigen dünnen Fäden an der Scheibe entlangzogen.

Veras Blick wanderte zu dem Platz, wo eben noch Jo gesessen hatte. Doch der Sitz gegenüber war leer.

Obwohl das wohlig warme und vertraute Gefühl noch sehr präsent war, musste sie sich eingestehen: Es war alles nur ein Traum gewesen!

Die Kälte ihrer von der langen Reise übermüdeten Muskeln kroch von den Beinen hoch bis zu ihrem Hals. Ein Schauer durchfuhr den gesamten Körper.

Wie hatte sich alles nur so real anfühlen können, wenn doch nichts in ihrer Phantasie mit der Realität zusammenpasste? Schließlich war sie doch längst auf dem Heimweg gewesen, auf dem Heimweg ins nasskalte Hamburg, mitten im November, ganz allein.

Verzweifelt suchten Veras Augen das Großraumabteil nach irgendeinem Indiz ab, das die Existenz von Jo bestätigen könnte. Doch es waren nur drei andere Gäste anwesend, die nicht einmal den Hauch einer Ähnlichkeit mit ihm hatten.

Vera seufzte. Ihr leerer Blick spiegelte sich in der Scheibe, und sie musterte ihre müde, blasse Erscheinung. Keine geglückte Frisur, kein aufgeregtes Strahlen, kein sommerliches Outfit, das ihr dieses Gefühl von Leichtigkeit und Lebendigkeit geschenkt hatte. Den wachsenden Kloß in ihrem Hals versuchte Vera zu ignorieren. Schnell griff sie nach ihrem abgewetzten Rucksack und warf das zerfledderte Buch hinein.

Als sie bei der Einfahrt in den Harburger Bahnhof in den Gang trat, senkte sie ihren Blick, um ihrem Spiegelbild im Türglas auszuweichen. Deprimiert betrachtete sie stattdessen ihre abgekauten Fingernägel und die ausgelatschten Schuhe, die ihr nun bereits den vierten Winter immerhin etwas Halt gaben. Mit Unbehagen dachte Vera an den Heimweg in ihre kalte, leere Wohnung. Sie musste noch etwa gut fünfzehn Minuten laufen, bis sie zu Hause war. Dort würde sie als Erstes den Fernseher anstellen, damit die Einsamkeit sich gar nicht erst ausbreiten konnte.

Mit einem lauten Quietschen kam der Zug zum Stehen. Vera stöhnte, als sie ihren schweren Rucksack auf den Rücken hievte und mit einem großen umständlichen Schritt aufs Bahngleis trat. Natürlich hatte sie sich ausgerechnet das Abteil ausgesucht, das am Zugende lag, sodass sie nicht schnell

genug Schutz unter dem großen Dach des unge-
mütlichen Bahnhofs fand. Der Regen peitschte
von der Seite und wurde von einem unangenehm
beißenden Wind begleitet. Vera zog ihren Kragen
fester zu und versuchte, sich zu erinnern, wo sie ihren Schirm hingesteckt hatte. Da der Regen bereits
alles durchnässte, ließ sie ihre schwere Tasche zu
Boden sinken und begann den Rucksack zu durch-
suchen. Vergeblich.

«Entschuldigen Sie …»

Vera schreckte hoch. Plötzlich blickte sie in die
tiefblauen Augen des Mannes aus ihrem Traum.
Leibhaftig stand er vor ihr und hielt ihr einen Regenschirm hin, den sie sofort als ihren eigenen
identifizierte. Sie spürte, wie sie augenblicklich
errötete.

«Mein Regenschirm!», entfuhr es ihr.

Ihr Ton klang hoffnungsvoll, als sie aufsah und
den Unbekannten anlächelte.

Britta Sabbag

Sommer für Aussteiger

Wenn man frisch verliebt ist, also so wirklich frisch, frisch *as can be*, sozusagen, dann gibt es wohl nichts Tolleres, als sonntagmorgens im Bett vom aktuellen Helden gefragt zu werden, ob man mit ihm in den Sommerurlaub fahren will. Nur er und ich, Sonne, Strand, Meer, Cocktails ... eine schönere Vorstellung vom Sommer gibt es wohl kaum. Nun ja, abgesehen von der sich nun aufdrängenden, aber strategisch nicht gut durchgeplanten In-4-Wochen-zur-Bikinifigur-Diät, für die es so kurzfristig leider zu spät war. (Oder gab es doch noch irgend so eine Last-Minute-Crash-Luxusbody-Foltermethode?)

«Klar will ich! Was für eine Frage!», war meine, wie ich nun leider feststellen musste – übereilte –, Antwort gewesen.

«Super», sagte Kai, und ich konnte sehen, dass er sich freute.

Ich freute mich auch, ungefähr vier Sekunden lang. Bis zu seinem nächsten Satz: «Ich wollte schon so lange mal wieder campen gehen. Toll, dass du mitkommst. Gibt ja wenige Mädels, die ohne Dusche und Schminkkoffer klarkommen. Aber ich wusste gleich, dass wir in jeder Beziehung perfekt zueinander passen, Anna, mein Schneckchen!»

Kai drückte mich an sich und gab mir einen zärtlichen Kuss, den ich allerdings nicht so richtig genießen konnte.

«Campen???» Ich schluckte. Es gibt Dinge im Leben, die man nicht erlebt oder ausprobiert haben muss, um zu wissen, dass man sie nicht nur nicht mögen, nein, dass man sie verabscheuen wird. Dazu gehört Innereien essen und auf den Exfreund treffen, wenn man gerade mit zehn Kilo mehr als zum Zeitpunkt der Trennung und nur mit einem Tanga bekleidet und ein bisschen Bodypainting auf der Haut dem Herzensbrecher auf einer Technikmesse in die Arme läuft. Und ganz sicher gehört eines dazu: Campen!

«Und wieso überhaupt keine … keine Dusche?», stammelte ich. Ich wusste nicht viel über das Campen, aber eines wusste ich mit Sicherheit: Das grauenvolle und kaum aussprechbare Wort

Gemeinschaftsduschen kam in diesem Zusammenhang vor.

«Na, ich meine so richtiges Campen», erklärte er. «Wild zelten, Outdoor, Wald, nur du und ich. Da ist man so richtig auf sich zurückgeworfen, verstehst du? So kommt man wirklich zur Ruhe. Das ist Romantik pur, Häschen!»

Ich konnte kaum an mich halten, mir die pure Romantik bildlich vorzustellen: Wie ich morgens mit verklebten Augen, zerzausten Haaren und einem kaum auszuhaltenden Blasendruck, weil ich nun mal kein Teenie mehr war, halb angezogen durch das Gebüsch stolperte, mich vor sämtlichen nicht auf Anhieb zuzuordnenden Lebewesen erschreckte und schlussendlich beim Pinkeln von einem Waschbären in den nackten Hintern gebissen wurde.

«Äh, ich hatte da beim Thema Urlaub eher an etwas anderes gedacht», versuchte ich vorsichtig zu intervenieren. Man will ja den Helden nicht gleich am Anfang zickentechnisch vergraulen. «Eher so was mit Strand und Meer und Sonne und so ...»

«Ach was», antwortete Kai und drehte sich noch mal um, es war schließlich Sonntag. «Das hat man doch schon hundertmal gesehen, und es läuft immer gleich ab. Nein, was ich meine, das ist echte Romantik. Und du bist genau der richtige Typ dafür, Fischchen, so, hm, robust, weißt du? Da können die meisten verwöhnten Zicken nicht mithalten!»

Ich war mir nicht wirklich sicher, ob es als Kompliment gemeint war, entschied aber, dass der Tonfall und die Tatsache, wie er andere potenzielle Mit-Zelterinnen damit ausschloss, bedeuteten, dass «robust» durchaus eine positive Beschreibung sein konnte. Es kam also nur auf die Auslegungsweise an.

«Du meinst also Zelten im Wald, so ohne alles, und ohne einen Campingplatz mit warmer Dusche in der Nähe?», vergewisserte ich mich nochmals.

«Genau. Nur du und ischhhh ...», murmelte Kai und war bereits im Begriff, wegzudösen.

«Aber so ein Strandurlaub, *all-inclusive*, Cocktail-Flatrate und Jacuzzi, ist doch auch nicht zu verachten, hm?» Letzter Versuch.

«Abba isss dochhh soo laangweilischhhh ...»

Ich beugte mich über seinen Körper, um zu sehen, ob er noch wach war. Aber Kai hatte die Augen bereits geschlossen, und ein leises Schnarchen bestätigte meine Befürchtung, dass hiermit das Gespräch beendet war.

Es würde unser erster Urlaub sein, und ich war nicht sicher, ob das Zurückwerfen auf menschliche Urbedürfnisse den romantischen Gehalt hatte, den ein erster gemeinsamer Liebesurlaub brauchte. Ich würde Kai später noch mal ansprechen und bis dahin ein paar tolle Hotels am Mittelmeer rausgesucht haben. Es heißt doch, Bilder sagen mehr als tausend Worte, dann würde er sicher einlenken.

* * *

«Ist der Rucksack wirklich nicht zu schwer?», fragte Kai und hob das Profiaussteigerrucksackungetüm, das die Größe und auch gefühlte Schwere eines Findlings hatte, der zu Testzwecken fast unbeweglich auf meinem Rücken festgeschnallt war, hoch, sodass ich fast mit den Zehenspitzen in der Luft hing.

Meine Einwände, den ersten Urlaub vielleicht etwas entspannter anzugehen, hatten leider nicht gezogen. Genauso wenig wie die stundenlang zusammengestellte Collage toller Last-Minute-Angebote am Meer, die Kai unbeeindruckt ließen. Er hatte sich voll und ganz auf das Campen eingeschossen, war aber immerhin zu dem Kompromiss bereit, dass wir nur drei Tage in die Wildnis ziehen würden und jederzeit abbrechen konnten, wenn es mir zu viel würde. Nachdem ich den Rucksack nun eine Minute zu Testzwecken trug, war ich auch fast schon so weit. Um im Rucksack mehr Platz für Lebensmittel zu haben, hatte Kai mir geraten, ganz in Zwiebeltechnik mehrere Schichten anzuziehen. Mit dem Ergebnis, dass ich jetzt nicht nur wie eine Mumie aussah, sondern auch schwitzte wie verrückt, obwohl es noch fast mitten in der Nacht war. Die Wettervorhersage prophezeite geniale dreißig Grad für das anstehende Wochenende, an dem wir meine Robustheit im Allgemeinen und Kais Pfadfindertechniken auf Herz und Nieren prüfen wollten.

Auf meine Bitte hin hatte Kai einen nahegelegenen Wald ausgesucht, sodass ich wenigstens in allzu größter Not schnell den Fluchtweg zurück in die Zivilisation finden würde. Er bestand aber darauf, dass keine Handys mitgenommen wurden, denn das widerspräche dem Sinn einer solchen Unternehmung. Selbstverständlich hatte ich mein Handy trotzdem heimlich eingepackt, lautlos gestellt natürlich. Damit fühlte ich mich immerhin ein wenig sicherer.

«Bereit?», fragte Kai und schnallte den Findling wieder ab, um ihn im Kofferraum seines Jeeps zu verstauen.

«Sicher», hauchte ich atemlos und versuchte ein begeistertes Lächeln in mein Gesicht zu zaubern, was mir allerdings nicht in Gänze gelang.

«Dann los!» Kai schwang sich hinter das Lenkrad, und ich setzte mich neben ihn.

Kleine Stoßgebete, die drei Tage mögen schnell vorbeigehen und kein Waschbär oder sonstiges Getier möge mich in den nackten Hintern beißen, und ich möge nicht mückenzerstochen und frisch getrennt aus dem Outback wiederkommen, begleiteten mich in Gedanken auf den ersten Minuten der Fahrt. Doch dann sagte ich mir: Mysterien muss man ausprobieren.

Und vielleicht war das Campen eines, das sich mir einfach noch nicht erschlossen hatte.

* * *

Ich brauchte ungefähr vier Minuten und fünfundzwanzig Sekunden im freien Outback, um festzustellen, dass das «Mysterium Campen» sich mir niemals erschließen würde. Im Halbdunkeln durch das wilde Gestrüpp, über herumliegende Äste und Wurzeln zu stolpern, und das auch noch mit dem Gewicht eines Erstklässlers auf dem Rücken, nein, das war nicht meins.

Kai hatte zur Orientierung ganz fachmännisch eine Waldkarte und einen Kompass dabei. Mit einer aufgeschnallten Kopflampe beleuchtete er den Weg und las mit Hilfe einer Taschenlampe die Karte.

Meine Frage, warum wir nicht einfach etwas später losgingen, wenn es bereits hell sein würde, hatte Kai mit einem Kopfschütteln beantwortet.

«Das gehört doch dazu, Vögelchen, dass man sich bei Wind und Wetter, bei Tag und Nacht, quasi unter allen erdenklichen Bedingungen, die uns die Natur entgegenstellt, durchschlägt. Das ist doch gerade das Abenteuer!»

Ich wollte kein Weichei sein, also riss ich mich zusammen.

«Wie lange noch?», fragte ich und versuchte, nicht allzu gequält zu klingen.

«Laut Karte dürften es noch etwas weniger als zwölf Kilometer sein», erklärte Kai fachmännisch, «dann kommen wir an den Bachlauf, zu dem ich wollte. Da können wir dann auch erst mal das Zelt aufschlagen und eine Pause machen.»

Oder den ADAC-Rettungshubschrauber anrufen und uns hier rausholen lassen, fügte ich in Gedanken hinzu.

«Ist die Luft nicht einfach toll?», fragte Kai und atmete tief durch.

Ein wenig frischen Sauerstoff konnte meine Großstadtlunge nun auch vertragen, also tat ich es ihm nach. Den Mückenschwarm, den ich dabei zur Hälfte aufsog, verschwieg ich, denn einen Kommentar à la «Proteine sind gesund und wichtig» wollte ich mir ersparen. Aber runterschlucken brachte ich auch nicht fertig, also spuckte ich an den Wegesrand.

«Alles okay bei dir, Mückchen?», fragte Kai und leuchtete mir ins Gesicht.

Ich kniff die Augen zusammen und schnaubte. Er hatte ein echtes Gefühl für Timing. Und diese ständig wechselnden Tiernamen in der dämlichen Verniedlichungsform, das musste ich ihm auch irgendwann mal sagen: Das nervte!

«Hmmm», knurrte ich nur und friemelte an meinem Rucksack herum. Ich brauchte dringend einen Schluck Wasser nach dem bitteren Schwarmgeschmack.

«Nicht stehen bleiben, Seepferdchen», trieb Kai mich an, «ich habe einen genau ausgeklügelten Plan, welche Strecke wir in den drei Tagen zurücklegen müssen. Da sind unplanmäßige Pausen nicht einkalkuliert!»

Eine wahre Freude, mit einem Controller zusammen zu sein, der in seiner Freizeit das Wild-Campen schätzt, dachte ich und seufzte.

«Yes, Sir!»

* * *

Nach gefühlten vierzehn Stunden, also zwei echten, kamen wir endlich an Kais anvisiertem Platz an. Mittlerweile dämmerte es, und es war so warm geworden, dass ich mich bereits zweier der drei Zwiebelschichten entledigt hatte und nun schweißgebadet den Rucksack abstellte.

«Po-eh!», entfuhr es mir erleichtert. «Endlich da!»

Als ich mich so umsah, musste ich zugeben, dass die kleine Lichtung, die auf der einen Seite ein wenig abfiel, wirklich schön war. Vereinzelt gab es noch das ein oder andere Buschwindröschen zu sehen, ansonsten lag ein riesiger Moosteppich vor uns, der mir direkt Lust machte, mich hinzulegen und alle viere von mir zu strecken. Den nahen Bachlauf verriet ein zartes Plätschern, und die Vögel in den Bäumen zwitscherten derart engagiert, dass ich vor lauter Idyll mit offenem Mund dastand. Ein kleines Eichhörnchen lief direkt vor unseren Füßen von einem Baum zu einem anderen und hielt dabei eine Eichel zwischen den Zähnen.

Das wirkte tatsächlich wahnsinnig romantisch, aber so was von! Ich war begeistert!

«Das ist wirklich wunderschön hier», flüsterte ich, um das Eichhörnchen nicht zu erschrecken. «Du hattest recht!»

«Ich wusste, es würde dir gefallen», sagte Kai und drückte mich an sich. «Nur wir beide, und nichts, das uns stören kann!» Ein Kuss tat sein Übriges – bis ein leichtes Vibrieren in meiner hinteren Jeans-tasche Kais soeben aufgestellte These widerlegte.

«Was ist das?», wollte er wissen.

«Ach, nichts», tat ich das Vibrieren lapidar ab und drehte mich weg. «Sicher irgendein ... äh, Käfer, oder so.» Brummten Käfer überhaupt? «Oder eine Hummel», schob ich schnell hinterher. «Genau, da war grad so eine dicke Hummel!»

Mit einem geübten Griff brachte ich das Handy unauffällig zum Schweigen. Später würde ich sicher noch Gelegenheit haben, nachzuschauen, wer angerufen hatte.

«Hm», antwortete Kai skeptisch, «nun gut, Hummelchen, jetzt geht's ans Aufbauen!»

Ach ja, das hatte ich völlig vergessen: Das Zelt würde sich nicht von allein aufbauen.

«Du kannst ja schon mal anfangen», erklärte Kai, «ich besorge uns noch schnell etwas frisches Wasser!» Euphorisch lief er die Lichtung Richtung Bach hinunter.

«Gibt's 'ne Anleitung?», rief ich ihm nach, aber ich konnte nur noch sein lautes Lachen vernehmen.

* * *

«Verdammt und zugenäht!», fluchte ich vor mich hin. «Wie passt denn dieses Scheißteil zusammen?»

Vor mir lagen ausgebreitet sämtliche Zeltteile, die ich in allen erdenklichen Weisen zusammen- und wieder auseinandergesteckt hatte. Doch noch immer hatte ich keinen blassen Schimmer, wie dieses unförmige, verkrüppelte Etwas vor mir je zu einem Zelt werden sollte. Außerdem war Kai nun schon wirklich lange weg, und ich begann mir Sorgen zu machen.

Die Mückenschwärme fühlten sich auf ihrer Lieblingslichtung anscheinend von mir gestört und attackierten mich minütlich.

«Drecksviecher!», wetterte ich und erwischte eine mit einem donnernden Schlag auf meinem Oberarm. «Mann, warum tue ich mir das überhaupt an?», brüllte ich und schmiss Stangen und Heringe wütend auf den Boden.

Es war erbärmlich. Allerdings musste ich zugeben, dass Selbstgespräche mutterseelenallein im Wald, umgeben von einer fast Walt-Disney-artigen Idylle, schon einer gewissen Ernsthaftigkeit entbehrten. Außerdem vibrierte schon wieder mein Handy.

Mit einem Blick auf das Display erkannte ich eine mir unbekannte Kölner Nummer. *Ob Kai seinen Drill-Sergeant-Vater, von dem ich aus Erzählungen wusste, dass er sein Leben lang bei der Bundeswehr gewesen war, angewiesen hatte, zu überprüfen, ob ich wirklich Wort gehalten und mein Handy nicht eingepackt hatte?*

Ich runzelte die Stirn. *Aber wo zur Hölle blieb Kai*

überhaupt? Er war sicher schon eine halbe Stunde weg, der Bach konnte aber nicht so weit weg sein, schließlich konnte ich das Plätschern hören.

Ob ich ihm nachgehen sollte?, überlegte ich. Aber dann würde ich unsere Sachen alleine lassen müssen. *Andererseits – wer würde hier schon vorbeikommen?*

Ich war unentschlossen und wägte das Für und Wider der beiden Entscheidungen ab – schließlich wollte ich mich zu allem Übel auch nicht noch verlaufen –, als plötzlich das Gebüsch hinter mir zu rascheln begann.

Erschrocken drehte ich mich um und erstarrte im selben Augenblick. Ein gewaltiges Geweih lugte aus dem Gebüsch neben mir hervor, gefolgt von einem riesigen samtbraunen Hirsch. Es trennten uns keine fünf Meter, und doch schien das Tier keine Angst zu haben.

Ich war beeindruckt von so viel Körper, von dem gigantischen Geweih und von diesen großen, dunklen Augen, die mich unbeirrt ansahen, und traute mich kaum zu atmen.

Wahnsinn, dachte ich, *das ist ein echter Wahnsinnsmoment!*

Wenn ich damit nicht den Hirsch vertrieben hätte, hätte ich am liebsten laut nach Kai gerufen, damit er diesen eindrucksvollen Moment nicht verpasste. Irgendwie schien dieser Aussteiger-Urlaub doch mehr positive Seiten zu haben, als ich erwartet hatte.

Der Hirsch hatte mich anscheinend genug gemustert und machte langsam und ohne jede Hektik kehrt. Er verschwand so plötzlich, wie er gekommen war.

Noch immer stand ich fasziniert und unbeweglich vor dem Trümmerhaufen, der mal ein Zelt werden sollte. Ich konnte mich nicht erinnern, je ein so prächtiges Tier in freier Wildbahn gesehen zu haben. Und dann auch noch so nah! Ich freute mich sehr über dieses wahrscheinlich einmalige Erlebnis. Gleichzeitig kamen mir die Sorgen um Kai wieder in den Sinn. Nach wie vor war von ihm keine Spur zu sehen oder zu hören.

Wenn er in den nächsten fünf Minuten nicht auftauchte, würde ich ihn suchen gehen, entschied ich, ganz egal, was mit unseren Sachen geschah.

Ich kniete mich vor den Rucksack. Aber vorher wollte ich noch wissen, wer da die ganze Zeit mit unbekannter Nummer anrief.

* * *

«Anna! Annaaaaaaaaaaaaaaa!!!»

Ich erkannte Kais Stimme sofort und ließ vor lauter Schreck mein Handy, bei dem ich soeben die Rückruftaste gedrückt hatte, ins weiche Moos fallen.

«Kai! Was ist los?», rief ich in die Richtung, aus der seine Stimme gekommen war. Sehen konnte ich ihn immer noch nicht.

«Anna, hier! Hiiiiier!»

Mein Herz schlug bis zum Hals – Kai musste etwas passiert sein, sonst würde er nicht sämtliche Vögel im Umkreis von drei Kilometern vom Baum brüllen.

«Hier, hier!», schrie er noch mal.

Sofort lief ich die Böschung zum Bach hinab. Und tatsächlich, dort lag er: alle viere von sich gestreckt, mit heruntergelassener Hose auf dem Waldboden, den nackten Hintern, der mir verdächtig rosa erschien, ausgestreckt gen Himmel. In einer Hand hielt er einen langen Stock, mit dem er sich wie wild den Hintern kratzte und dabei gellende Laute von sich gab. Sein Gesicht war ebenfalls rot angelaufen, noch dunkler als sein blankes Hinterteil.

Als ich abrupt vor ihm zum Stehen kam, konnte ich mir zwar keinen Reim aus dieser wirklich merkwürdig anmutenden Situation machen, aber ein Lachen auch nicht verkneifen. Es war ein allzu schräges Bild, das sich mir hier gerade bot. Der Outdoor-Experte und Extrem-Camper

Kai-stell-dich-nicht-so-an-Schmidt stöhnte blank-gezogen vor mir auf dem Waldboden – das war zu viel. Ich musste laut losprusten.

«Was um Himmels willen machst du da?», fragte ich zwischen zwei Lachanfällen.

«Scheiße!», brüllte Kai ins Leere. «Scheiße, scheiße, scheiße!»

«Was ist denn eigentlich passiert?», hakte ich weiter nach.

«Diese scheiß Ameisen!», rief er, während er sich mit dem Stock in immer kürzeren Abständen kratzte. «Ich musste mal und hab mich in einen verdammten Ameisenhaufen gesetzt!»

«Oh!», sagte ich und hielt mir die Hand vor den Mund. «Aber wir sind doch im Wald, Schatz, hier musst du doch nicht im Sitzen pinkeln ...»

«Ich musste aber nicht pinkeln!», brüllte Kai weiter, und ich sah, wie er schwitzte. «Hol Wasser, ja? Bitte, das brennt wie Hölle!», flehte er mich an.

«Ich habe eine noch viel bessere Idee!» Ich klaubte zwei Handbreit Moos vom Boden und lief zum Bach. «Bin sofort wieder da!»

Das nasse Moos würde ihm guttun, denn soweit ich wusste, hatten wir kein Insektenspray und keine Wundsalbe dabei. «Nur was für Weicheier!», hatte Kai vor der Abreise lauthals verkündet. «Echte Outdoor-Leute brauchen so was nicht!»

Als ich mit dem nassen Moos zurückkam und es Kai auf seinen brennenden Hintern legte, konnte ich ein erleichtertes Aufatmen wahrnehmen.

«O Mann, tut das gut», seufzte er, und sekündlich entspannten sich seine verzerrten Gesichtszüge mehr. Auch das Rot wurde langsam weniger.

«Dass gerade mir so ein Mist passieren muss!», maulte Kai und vergrub den Kopf in seinen verschränkten Armen. «Dabei müsste doch gerade ich wissen, dass man sich mitten im Wald nicht einfach unter einen Baum setzt. Ach, ich hätte auf dich hören sollen, dann lägen wir jetzt Cocktails schlürfend irgendwo am Strand und würden uns die Sonne auf die Bäuche scheinen lassen!»

Schon wieder konnte ich mir ein Grinsen nicht verkneifen, aber ich wollte ihm die volle Blöße nicht geben.

«Mach dir nichts draus, das kann doch jedem mal passieren.»

* * *

Als wir zurück zu unserem Zeltplatz kamen – Kai humpelte auf meine Schulter gestützt –, fiel mir wieder ein, dass ich mein Handy und den Rückruf ganz vergessen hatte.

Ich beugte mich zu dem Gerät auf dem moosigen Boden. «Hallo?», erkundigte ich mich vorsorglich, obwohl ich eigentlich nicht erwartete, dass noch jemand am anderen Ende sein würde.

«Na, endlich!», hörte ich eine ältere Männerstimme in der Leitung. «Wo waren Sie denn die ganze Zeit?»

«Wer spricht denn da bitte?», fragte ich, während Kai sich stöhnend neben mich ins weiche Moos legte. Selbst mein Handy-Verrat schien ihm in diesem Moment egal.

«Hier spricht Rainer Schmidt, Kais Vater.»

Skeptisch warf ich Kai einen Seitenblick zu. *Er hatte doch nicht ernsthaft ...?*

«Mein Sohn hat bei so einem Gewinnspiel mitgemacht, bei dem man fünf Minuten nach dem Gewinnanruf zurückgerufen haben muss, sonst verliert man den Gewinn», erklärte Offizier a.D. Rainer Schmidt mit der Stimme eines Feldmarschalls, und ich konnte den Ärger in seiner Stimme hören. «Aber da mein Herr Sohn ja auf sämtlichen Leitungen nicht erreichbar war, ist der Preis nun futsch!»

«Ach herrje, das tut mir leid», sagte ich und tippte Kai an, der mit geschlossenen Augen neben mir lag. «Dein Vater ist dran», flüsterte ich. «Irgendwas mit einem Gewinnspiel oder so ...»

«Was?» Wie von der Tarantel gestochen sprang Kai auf. «Gib ihn mir, bitte!» Kai nahm mir das

Handy ab und sprach aufgeregt mit seinem Vater. «Ja, ja … Ja! Nein, hab ich nicht … Ja, ich weiß … Verdammter Mist!»

Ich fragte mich gerade, woher Kais Vater, den ich noch nicht einmal persönlich kannte, meine Nummer hatte, als Kai wutschnaubend auflegte.

«Ich hatte eine *Globetrotter*-Outdoor-Reise nach Alaska gewonnen!», jammerte Kai und ließ enttäuscht den Kopf hängen. «Aber nach dem Erlebnis gerade habe ich das Gefühl, es ist besser so. Vielleicht bin ich doch eher der Meer-Sonne-Strand-Typ.»

Das Teufelchen auf meiner Schulter machte sogleich eine Rolle rückwärts, obwohl Kai mir wirklich leidtat. Erst die Schmerzen und das schlimme Gejucke und dann die verpasste Reise. Das war ganz schön viel Pech für einen Tag.

Er sah mich an. «Komm, wir fahren nach Hause und buchen uns eine schöne Last-Minute-Reise irgendwohin, wo es keine Ameisen gibt, okay, Rehchen?», sagte er sanft und legte seine Stirn an meine.

«Okay», antwortete ich und freute mich insgeheim doch ein bisschen, um gleich zwei Outdoor-Urlaube herumgekommen zu sein.

Manchmal kriegt man eben das, was man will, ohne etwas dafür tun zu müssen – es erledigt sich ganz von alleine, dachte ich.

«Nur eins noch», sagte ich und sah meinem zer-knirschten Helden tief in die Augen. «Tierkose-namen konnte ich wirklich noch nie leiden!»

ᗢ

Über die Autorinnen

Anna McPartlin wurde 1972 in Dublin geboren und verbrachte dort ihre frühe Kindheit. Wegen einer Krankheit in ihrer engsten Familie zog sie als Teenager nach Kerry, wo Onkel und Tante sie als Pflegekind aufnahmen. Nach der Schule studierte Anna ziemlich unwillig Marketing. Nebenbei stand sie auch als Comedienne auf der Bühne, doch ihre wahre Liebe galt dem Schreiben, das sie bald zum Beruf machte. Heute lebt sie zusammen mit ihrem Mann, drei Hunden und zwei Katzen in Dublin.

Juliet Ashton stammt aus Irland und lebt heute mit ihrer Familie und ihren Haustieren in London.

Mia Morgowski ist gebürtige Hamburgerin. Viele Jahre hat sie als Grafik-Designerin in verschiedenen Werbeagenturen gearbeitet, bevor 2008 ihr Debütroman erschien: «Kein Sex ist auch keine Lösung» war ein Bestseller und wurde erfolgreich fürs Kino verfilmt. Es folgten zahlreiche weitere Romane, die sich alle ihrem größten Hobby widmen: dem modernen Mann und seinen Macken. Denn Mia kennt sich aus mit Männern. Einen hat sie sogar geheiratet. Gemeinsam warten sie nun auf das Einsetzen der Midlife-Crisis.

Sofie Cramer stammt aus der Lüneburger Heide, geboren wurde sie 1974 in Soltau. Zum Studium der Germanistik und Politik ging sie zunächst nach Bonn, später nach Hannover. Nach ihrer Zeit als Hörfunk-Redakteurin machte sie sich selbständig. Sie lebt in Hamburg, am Waldrand, arbeitet als freie Drehbuchautorin und entwickelt Film- und Fernsehstoffe. Seit ihrem Überraschungserfolg «SMS für dich» hat sie bereits mehrere Romane unter dem Pseudonym Sofie Cramer geschrieben.

Britta Sabbag, geboren in Osnabrück, studierte Sprachwissenschaften, Psychologie und Pädagogik an der Universität Bonn. Nach dem Studium arbeitete sie als Personalerin in verschiedenen Firmen. Seit 2009 widmet sie sich ausschließlich dem Schreiben. Ihr erster Roman «Pinguinwetter» wurde 2012 auf Anhieb zum «Spiegel»-Bestseller. Weitere Romane, Jugendbücher und Kinderbücher folgten. Zuletzt stand «Die kleine Hummel Bommel» wochenlang auf Platz 1 der Bestsellerliste. Britta Sabbag lebt mit ihrem Partner in Bonn.

Anna McPartlin
Irgendwo im Glück

Du bist Mutter, Tochter, Geliebte.

Maisie Bean steht vor einer Versammlung von Studenten und beginnt, von der Vergangenheit zu sprechen, von einer Zeit voller Freude, Lachen und Wärme. Und voller Schmerz: Genau 20 Jahre ist es her, dass ihr Sohn Jeremy starb.

Am Neujahrstag 1995 verschwand der 16-Jährige mit seinem besten Freund. Es folgten vier Tage der Ungewissheit, des Bangens, der Hoffnung. Aber es waren auch Tage der Wahrheit, der neuen Anfänge, der Freundschaft und Liebe. Und bei aller Trauer hat Maisie daraus eine wichtige Botschaft mitgenommen …

Der Schmerz endet nie, die Liebe endet nie.

464 Seiten

Ro 446/1

SCHENKEN SIE (SICH) EINE «AUSZEIT»

Kurze Texte
für zwischendurch:
unterhaltsam,
humorvoll,
inspirierend.

rowohlt.de/auszeit